TEXTBOOK
ON SOLVING
REAL ESTATE
PROBLEMS

誰に相談したらよいかわからない！

不動産問題解決の教科書

不動産創造士® 鍋島重茂 SHIGEMOCHI NABESHIMA

はじめに

「遺言や信託を一緒に考えてもらいたい」

「売買・賃貸・土地活用について、包括的に相談したい」

「親の介護を見据え、実家をどう利用していくか考えていきたいが、誰に相談したらいいのか分からない」


そんな悩みは不動産を所有している方にとって、多いのではないでしょうか。

私のところに相談に来られる方も同じように、何ができるか分からない、物事を進めるための伝手がない、やりたいことが実現できるのか分からないなど、何かしら不動産に関する悩みを抱えています。

単に「実家を売りたい」「マンションの住み替えを検討したい」という相談を受けていたとしても、詳しく話を伺っていくと、「誰に相談したらいいか分からなかったんだけど……」

と、さまざまな悩みを打ち明けられることも珍しくありません。

不動産に同じものが1つとしてないように、相談内容も1つとして同じものはありません。共通することは、家族・財産構成、相談者の生き方や不動産との関わり合い方など、ご相談者が叶えたい思いや考え方を理解することなしに、解決策を検討することはできないということです。

ご挨拶が遅れました。私は不動産創造士®の鍋島重茂と申します。

私は「人に関わる仕事を通じて、お客様の豊かな暮らしを実現する」を理念に、不動産会社を経営しています。会社員時代も含めると、20年以上、不動産に関わる仕事をしています。

これまで、税理士・司法書士・弁護士などの士業事務所、不動産の管理会社を通じて紹介された方、セミナーや相談会にご来場いただいた方など、たくさんの方の相談を受けてきました。その中で感じていることは、人生100年時代を豊かに過ごすためには、不動産との「良い」関わりを持つことが不可欠だということです。

しかし、所有する不動産について「一切の心配ごとがない」という方は多くはありません。

不動産を所有する方が求めていることはとてもシンプルで、「より良い方法で不動産を活用していきたい」ということではないでしょうか。

しかしながら、不動産に関わる法律や税制改正も頻繁にあり、「果たして、今の不動産活用方法が適しているかどうか分からない」というのが実情だと思います。

皆様が今抱えている悩みについて、少しでも解決の糸口を掴んでほしい、そのような思いで、目の前のお客様と向きあい、その方にとって最良の選択ができるようにサポートしています。それが20年以上不動産に関わってきた者として、その経験を還元することが自分の使命だと思い、仕事に取り組んでいます。

本書では、これまで私が実際に依頼を受けて取り組んできた事例を、解説しています。

今、不動産のことでお悩みの方だけでなく、今後自身に起こり得ることを想定しておきたいという方にも、参考となる事例が見つかると思います。

なお、ご相談案件を進める際には、税理士や弁護士と連携して進めておりますが、全てを記載しているわけではないことをあらかじめご承知おきください。

本書が皆様のお役に立てることを願っています。

不動産創造士® 鍋島 重茂

第2章 共有不動産の問題

第3章

マンションの問題

第4章 底地・借地権の問題

第1章

相続手続き・生前対策

不動産創造士®の仕事とは

相談者のためのチーム編成

ご相談の多くは、税理士・司法書士・弁護士などの士業事務所、不動産管理会社から紹介されたものです。「所有者が亡くなって相続登記がなされていないまま何代も経ってしまった」「相続税納付のためにいつまでに売却して欲しい」という相談、「売却する物件が共有になっている土地活用を進めるためには先に借地権者の方々との協議が必要」など、いわゆる「すぐには売却や活用ができない」、事情が混み合っていて解決までに時間や労力がかかるご相談もあります。

税理士・司法書士・弁護士の方は、不動産に関しては専門外であるため、不動産の活用についてお客様の利益を考えて動ける専門家に相談したいということで、お声がけをくださっています。

こうしてさまざまな方と一緒に不動産の仕事を進めていて、いつも感じることは、自分だけでできることは少ないということです。不動産と税務・法務は密接に関わりあっており、案件ごとに毎回税理士・司法書士・弁護士に確認しながら、進める必要があります。

何か問題が起こった時は、多くの方はまず身近な方に相談します。確定申告を依頼している税理士、相続手続きを相談した司法書士、アパートの管理を任せている不動産管理会社に……といった具合です。

そこで注意していただきたいのは、専門家によって取り扱っている専門分野が違うということ。**不動産の売買・活用には税務・法務の知見が不可欠**だということです。

私の場合は、税理士・司法書士・弁護士と連携して動いていますが、専門家に相談する時には、その専門家が不動産の分野に精通しているか、必要に応じて士業の方と連携することが可能か確認する必要があります。

【各士業の専任・担当業務】

税理士・・・・・・毎年の確定申告、相続税・贈与税・売却時の譲渡所得税などの申告業務、売買・活用時の各種税務相談など

司法書士・・・・・所有権移転・相続・抵当権設定などの登記業務、民事（家族）信託の組成など

土地家屋調査士・・・現況・境界確定測量業務、土地の合筆・分筆・未登記家屋の登記などの表題登記など

弁護士・・・・・・地代・賃料滞納などの法律相談、非訟事件・共有物分割請求・遺産分割・離婚などの訴訟対応など

私は、ご相談内容によってどの専門家と案件を進めるかを検討し、チームを組んで取り組んでいます。

ここで大切なのは、専門家との密なやりとりです。専門家の方は優しい方が多く、ありがたいことに「こんなやり方があるよ」「この方法はできないの？」など、いろいろと教えていただいています。それが結果として、相談者の利益になっています。

1　終の棲家を考える

（1）先代の相続手続きがなされていない不動産

不動産の売却を検討するとき、多くの方は「不動産仲介会社に土地や建物を査定してもらい、仲介を依頼すれば担当者が買い手を探してきてくれる」と思われているようです。確かに、そのようにスムーズに売却まで進む物件もありますが、売却するために下準備が必要な物件は少なくありません。

私が不動産コンサルティング業務を進める案件の中には、売却に向けて地ならしが必要な案件が多々あります。本章では、そのうち「相続」に絡むものを、ご紹介します。

太郎さんは、妻と暮らしています。お２人が住んでいるのは、太郎さんの父、光男さんが建てた一軒家。建物は築45年を超え、老朽化が進み、住みにくくなってきました。

太郎さん夫婦は今後の生活を考え、自宅をバリアフリーリフォームするか、実家を売却し、暮らしやすいマンションに住み替えるかを検討しています。独立した子どもたちからは、「家を売却してマンションに住み替えたら？」と言われています。

リフォームまたは住み替えの検討を進めるにあたり、１点懸念がありました。毎年、役所から送られてくる、固定資産税・都市計画税（土地・家屋）納税通知書が、15年前に亡くなった父宛てに来ていることです。

そこで太郎さんは近所の司法書士に相談に行きました。その後司法書士から、相続手続き後リフォームか住み替えを検討している方がいるとのことで打合せに同席を依頼されました。

光男さんの相続手続きが終わっていない

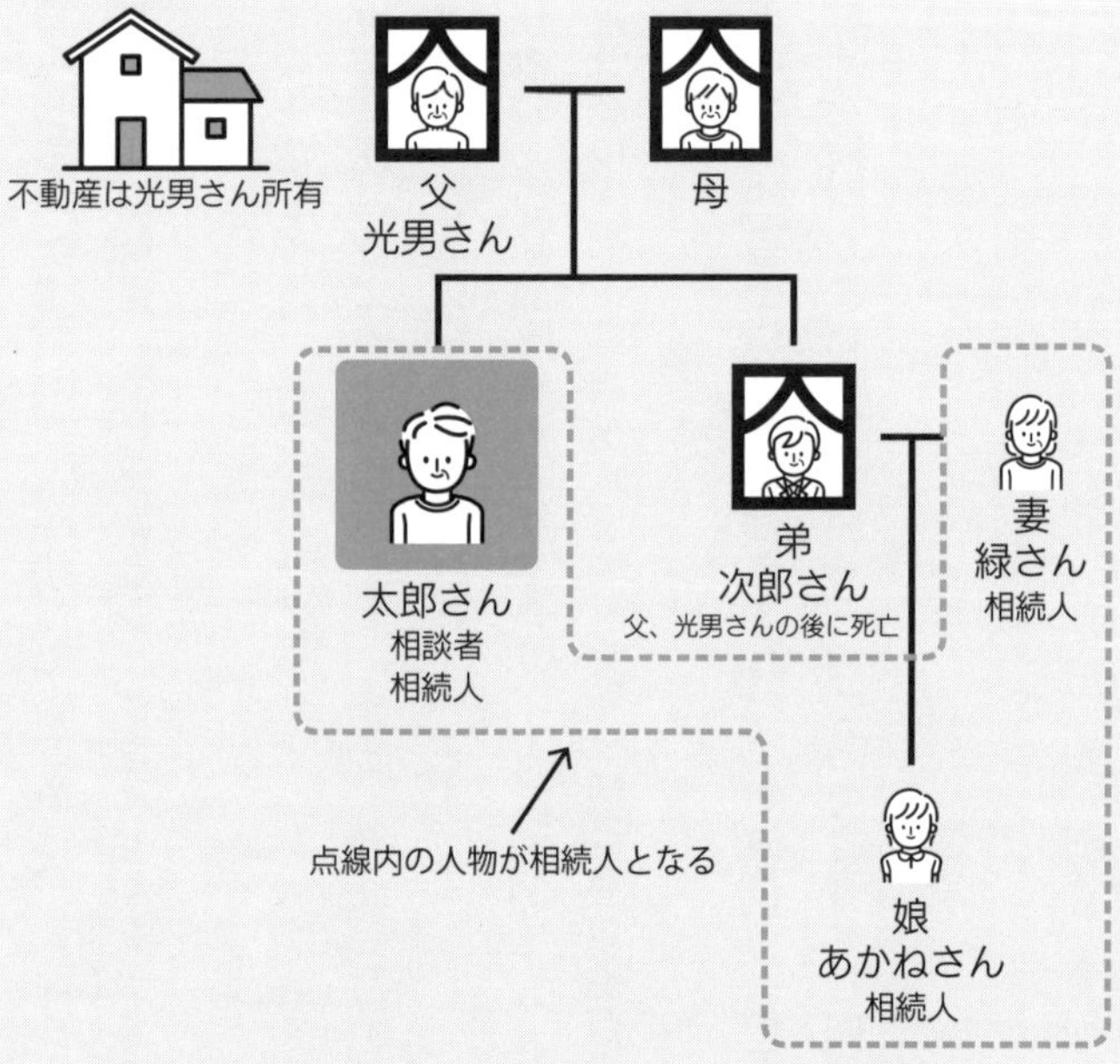

太郎さんの名義に変えるためには、
遺産分割協議をしなければならない

(2)相談者の想いを理解する

そこで太郎さん夫婦から話を聞くため、司法書士と一緒にご自宅へ伺いました。

初回打合せでは、相談者の想いや考え方を理解することを大切にしています。不動産の現況や諸条件は調べれば分かりますが、相談者の想いや考え方は、実際に会って話を聞いてみて理解するしかないからです。

太郎さんに話しをお聞きすると「この家と土地は、父が亡くなったときに私が相続したものので、土地にかかる固定資産税や都市計画税も長い間負担してきた」とのことでした。司法書士が登記名義人を確認したところ、土地・建物共に、父親である光男さん名義のままでした。光男さんの遺言書も残されておらず、遺産分割協議もありません。つまり、法的な相続手続きは行われていませんでした。

人が亡くなった時、生前所有していた現金・株式・不動産などの財産（遺産）は、法定相続人全員の共有財産となります。ですから、共有財産をどのように分けるのか決める場合は相続人全員で話し合いをしなければなりません。これを「遺産分割協議」といいます。

今回のケースでは、太郎さんの父、光男さんの遺産について遺産分割協議が行われていなかったため、家と土地は太郎さんだけのものではなく、法定相続人全員の共有財産になっていました。売却する際には**「光男さんの相続手続きを終わらせ、登記の名義変更の手続き（相続登記）を行う必要がある」**と伝えました。

（3）父親の相続手続き

まずは、光男さんの相続手続きについて司法書士が相続人調査を行います。光男さんの出生から死亡までの戸籍謄本などを取り寄せて法定相続人を調べたところ、法定相続人は、太郎さん、すでに亡くなっている弟の次郎さんの妻である緑さんと子どものあかねさんであることが分かりました。

ちなみにあかねさんは光男さんの孫にあたり、太郎さんからすると姪にあたります。

遺産分割協議は太郎さん、緑さんとあかねさんとで行う必要がありました。

リフォームや住み替えの検討を進める前に、現状を整理するため、相続人全員に対して光男さん名義になっていることを説明し、実家を太郎さん名義にする手続きを進めることになりました。

太郎さんが実家を売却する可能性については、「まだ売却するかどうか決まってないし、みんなには言わない方が話し合いがスムーズに進むんじゃない?」という意見も出ましたが、売却する可能性があることは、伝えておくことになりました。

実家がなくなることへの心理的な影響は、思いの他大きいものです。実家を売却したことで太郎さんが経済的利益を得るということを考えると、他の相続人にも売却する可能性を伝えておかないと、後々トラブルになることがあります。

（4）亡くなった弟の妻、姪との協議

後日、太郎さんが緑さんとあかねさんに会い、太郎さんが実家を相続するための手続きに協力して欲しいことを伝えました。

「次郎さんのお義父さんには、生前とてもよくしてもらいました。それに、そこは太郎さんがずっと住んで管理されてきた土地です。どうぞ太郎さんの名義にしてください」

緑さんとあかねさんは、そう言って理解を示してくれました。こうして無事に、光男さんの遺産分割協議を行い、太郎さんへの相続手続きを進めることになったのです。

当初の相談内容のリフォームまたは住み替えについては、建物が利用できないわけではないため、少し時間を空けて考えたいとのこと。太郎さんは、相続手続きで少し疲れたご様子でした。

相続手続きから3年後、久々に太郎さんから連絡がありました。話を伺ったところ、自宅

を建て替えたいとのこと。息子さんが結婚して孫が生まれたことで、太郎さん夫婦と娘一家が同居することになったそうです。築48年の一軒家では、孫と暮らすには耐久性に不安だということでした。

「息子夫婦は共働きだから、孫の世話を押しつけられているんだよ」と嬉しそうに話す太郎さん。「鍋島さんはいろいろと詳しそうだし、知り合いも多いだろうから、息子夫婦の要望を叶えてくれる建築業者を紹介してよ」と、新たな依頼を受けることになりました。

(5) 先代の遺産分割協議が終わっていないと……

不動産売却を進めようとしたところ、実は先代の相続手続きが完了していなかった、こうしたケースはよくあります。

今回の太郎さんのように、法定相続人との遺産分割協議が円滑に終われば良いのですが、遺産分割が終わっておらず不動産が共有状態になっていることが分かった途端に権利を主張してきたり、「名義変更を認める代わりに相応のお金を支払って欲しい」と要求されたり、「後で土地を売るのなら、売ったお金をもらう権利がある」と言って、遺産分割協議がまとまらないケースもあり、一筋縄ではいかないことも珍しくはありません。

実は今回も、緑さんは自分のきょうだいから「売却した時に代金を受け取れるように名義は渡さない方がいい」と言われていました。緑さんが「お義父さんにはお世話になったから」ときょうだいを説得してくれましたが、今回のように、相続人の周りの第三者が介入してくることで、手続きがスムーズに進まなくなるケースもあるのです。

相続人や利害関係者が多くなればなるほど、遺産分割協議が難航し、売却までに時間がかかる可能性が高まります。今回のケースではきょうだいである次郎さんが亡くなられていましたが、仮に次郎さんが生存している間に遺産分割協議ができていたら、「父の光男さんの財産を子どもたちで分ける」というシンプルな相続手続きで終わっていました。

相談を受けた中には、遺産分割協議がなされないまま相続が続き、結果的に20人の共有名義になっていたこともありました。仮に、光男さん名義のまま、太郎さんも亡くなってしまったら、孫世代が光男さんの世代にまで遡って遺産分割協議をしなければならなくなってしまうのです。

（6）共有者への伝え方

太郎さんは結局家と土地を売却しませんでしたが、当初は売却も検討していました。

将来的に土地を売却したいと考えている方から相談を受けるときに「共有名義人には売却するかもしれないということは話したくない」という相談を受けることがあります

共有不動産を単独名義にした後で土地を売却した場合、売却して出た利益はすべて単独名義人のものになります。これを引け目に感じてしまい、「なんとか売却することを言わないで済む方法はありませんか⁉」と相談を受けることもあります。

相続人同士の関係性にもよると思いますが、**売却したことを後で相手が知ってしまったときに、「騙された」と受け止められる方がいることも事実です。**法律上は問題がなかったとしても、確実に人間関係が悪化します。しかも根深い禍根を残してしまうので、修復が難しいのです。

コラム／不動産の所有者に送られてくる相続登記の義務化

毎年市区町村（23区は都税事務所）から不動産の所有者に送られてくる「固定資産税・都市計画税の納税通知書」を確認すると、相談者の名前が名義人として記載されていないことがあります。中には、ひいお祖父さん名義の不動産だったこともありました。このときは3代遡る相続登記が必要となり、相談を受けて売却できる環境が整うまでに足掛け3年の期間がかかりました。

時間が経っても相続人が減ることはありません。むしろ時間がかかればかかるほど、相続人は増えていきます。遺産分割協議は早めに行うことをお勧めします。

令和6年4月1日から相続登記が義務化されます。これにより相続や遺贈により不動産を相続した方は、相続をしたことを知った日から3年以内に、相続登記の申請をすることが義務づけられます。**もしも正当な理由がないのに相続登記をしなかった場合は、**

しょう。

10万円以下の過料が課されることがあります。義務化になったことは頭に入れておきま

なお、相続登記と合わせて被相続人の預貯金や有価証券等の解約手続きを行う場合は、法定相続情報一覧図を作成しておくと円滑に手続きを進めることができます。

また金融機関からは、遺産分割協議書や戸籍謄本等の「解約手続きをする方が相続人であること」を証明する書類の提出が求められます。**戸籍謄本等の書類を取得するのは手間もコストもかかるため、事前に法定相続情報一覧図があるとスムーズです。**

法定相続情報証明制度とは

相続人を特定できる戸籍・除籍謄本等と相続関係を一覧に表した「法定相続情報一覧図」を法務局に提出することで、登記官がその一覧図に認証文を付した写しを、無料で交付する制度です。申出人は、交付される一覧図によって法定相続人が誰なのかを証明できます。「法定相続情報一覧図」は、５年間の保管期間内であれば、申出人や申出人から委任を受けた人が再交付を受けることができます。

法定相続情報一覧図の申し出の手続きについて

● 申出をすることができるのは，被相続人の相続人

● 代理人となれる人

① 法定代理人（親権者、未成年後見人、成年後見人）

② 民法上の親族

③ 資格者代理人（弁護士、司法書士、土地家屋調査士、税理士、社会保険労務士、弁理士、海事代理士、行政書士）

● 申出ができる登記所

① 被相続人の本籍地

② 被相続人の最後の住所地

③ 申出人の住所地

④ 被相続人名義の不動産の所在地

※不動産管轄区域の法務局であれば、郵送でも申出は可能
被相続人名義の遺産が、銀行預金のみでも利用は可能

注意点

この制度は、法務局に提出された法定相続情報一覧図が「正しいことを前提」とした手続きです。申出人が提出した法定相続情報一覧図に誤りがあった場合に、法務局側で修正されることはありません。再度修正した法定相続情報一覧図を提出する必要があります。

2 子どもがいない夫婦の生前対策

大吾さんと由子さんは、結婚して50年。2人には子どもはおらず、夫婦2人で暮らしてきました。

大吾さんは「自分が先に亡くなってもいいように」と10年前に自宅併用アパートを建築しました。年金に家賃収入をプラスして、由子さんが老後に困ることがないようにと考えました。大吾さんご夫婦のアパートは「管理人さんが同じ建物に住んでいるので安心」ということで評判がよく、収益化に成功しています。

ある時、由子さんが親しい友人と話をしていると、終活の話になりました。「夫が自宅併用アパートを残してくれているから、とりあえず老後は安心かな」と友人に話したところ、「公正証書遺言を作ってもらっておいた方がいいわよ」とアドバイスを受けました。詳しく話を聞いてみると、「子どもがいない夫婦だと、亡くなった人のきょうだいが遺産相続できるのよ。ご主人にお姉さんがいるなら、アパートを持っていかれてしまうかもよ」と言うのです。

（1）夫が「うちは揉めようがない」と言って遺言書を書いてくれない

由子さんは友人と別れた後、家に帰って大吾さんに相談してみました。せっかく自宅併用アパートを建築したのですから、ちゃんと相続できるように準備しておきたい、と考えた由子さん。大吾さんに「何かあった時のために、遺言書を作っておいて欲しい」と頼みます。しかし大吾さんは、「うちには子どもがいないんだから、揉めようがないだろう」と言って取り合ってくれません。

そこで、なんとか夫を説得してくれないかということで、不動産管理会社に相談され、担当者を通じて私のところに相談がありました。ご夫婦に会って話を聞いてみると、大吾さんは困った様子です。

このようなケースで不動産管理会社の担当者から相談の依頼がくることは珍しくありません。話を伺ってみると、皆さん口を揃えて言うのが「うちは揉めようがないんだから、遺言書なんか書く必要はない」という言葉です。

大吾さんも「妻から遺言を書いて欲しいと言われましたが、うちには子どもがいないんだから揉めようがないよと言っても聞き入れてもらえません。遺言書を書かないことで何が問題なんでしょうか？」と腑に落ちない様子です。

家族構成を伺ってみると、大吾さんのご両親はすでに亡くなっており、親族は姉の桂子さんのみでした。お姉様との関係を尋ねたところ、「仲は普通にいいし、私が相続した実家を自宅併用アパートに建築したことも、姉は了承していますよ」とおっしゃいます。

しかし問題なのは、大吾さんとお姉さんの関係ではなく、由子さんと桂子さんとの関係なのです。遺言書がないとなると、大吾さんが残すことになった場合の遺産については、由子さんと義姉とで「どう分けるか」を話し合うことになります。

大吾さんの相続人は、妻の由子さんと姉の桂子さんになる

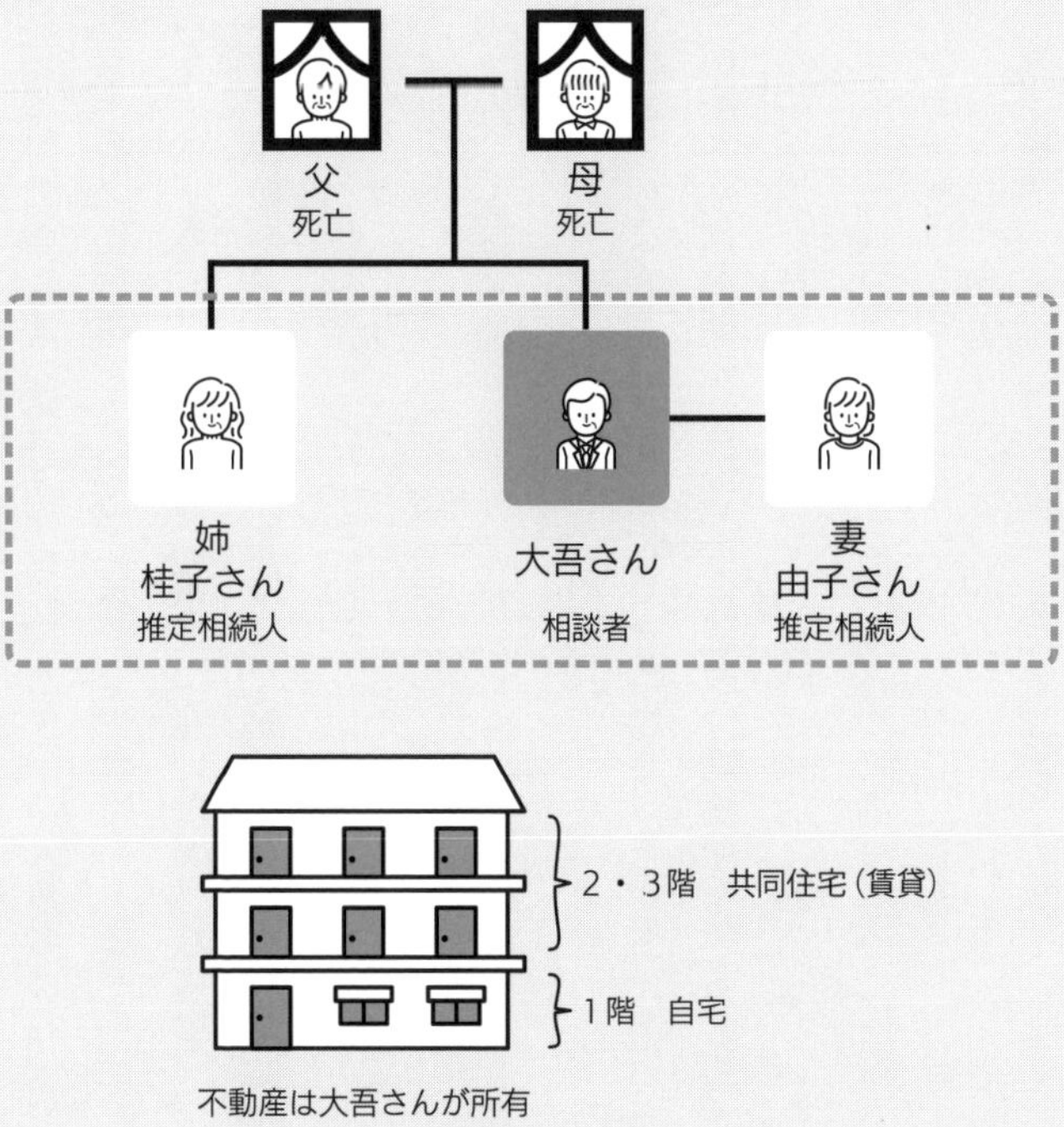

日本では古くから「家」制度がありました。結婚は「家と家がするもの」という意味合いが強い時代がずっと続いていたのです。今はその風潮もずいぶん少なくなってきてはいますが、未だに「家」を重視する文化が残っているご家庭も少なくありません。

つまり、姉からしたら、由子さんは「自分の『家』に嫁いだ嫁」なのです。ここが遺産分割協議の難しいところで、**実のきょうだいの仲ではなく配偶者ときょうだいの関係になるのです。**

「そもそも、自宅併用アパートは夫婦の財産なのだから、姉には関係ないですよね？」と大吾さんはおっしゃいます。

確かにそうなのですが、今のまま大吾さんが亡くなったら、自宅併用アパートを由子さん名義にするためには、由子さんは義姉の桂子さんと遺産分割協議をする必要があります。このとき、義姉と由子さんの関係が良くなかったり、義姉が生活に困窮していたりすると、どうなるでしょうか。必ずしも円満に話が進まないケースがあるということは、ご想像していただけるのではないでしょうか。

少し具体的に見ていきましょう。大吾さんが亡くなったとしたら、**法定相続分としては、妻**

の由子さんが4分の3、義姉の桂子さんが4分の1です。姉がこの4分の1を要求してきた場合、遺産分割協議が決裂するおそれがあります。

配偶者である由子さんに財産を残し、何の心配もなく過ごしてもらいたいと思うのならば、少なくとも「由子さんに自宅併用アパートを相続させる」という遺言を作成しておくことが重要なのです。姉の桂子さんには、遺留分（一定範囲の相続人に認められる最低限度の遺産取得割合）は認められないため、遺言書を遺しておけば安心です。

遺留分について、大吾さんも知らないわけではなかったのですが、義姉が遺産分割協議に協力しないなど想像もしていませんでした。そのため、「万一のためにわざわざ遺言を残す必要はない」と考えていたようです。

その後の夫婦間の話し合いで、「自宅併用アパートを由子さんに相続させる」という内容の公正証書遺言を作成することになりました。また、遺言執行者を由子さんに指定することで相続登記を由子さんが行えるようになり、由子さんの不安を払拭できるようにしました。

それからしばらくして、不動産管理会社の担当者からお礼の電話がありました。そこで「無事に遺言書を作れて良かったですね」とお伝えし、近況を伺ってみました。

　すると、大吾さんは公正証書遺言の存在は知っていたものの、公正証書遺言を作成するためにはかなりの費用がかかるし、手続きも複雑だという印象を持たれていたそう。「こんなに簡単にできるなら、早く公正証書遺言を作っておけば良かったよ」とおっしゃっていたそうです。

（2）法定相続人と遺留分

　今回のケースで、仮に大吾さんが遺言書を遺さないまま亡くなってしまった場合を考えてみます。法律によって定められている「法定相続人」は、妻の由子さんと大吾さんの姉の2人です。

　ここで少し、法定相続人と相続割合について解説します。民法という法律では、相続の際の基本的なルールが決められています。その中には、法定相続人や相続割合についても記載があります。

法定相続人とは、法律によって決められた相続人のことです。

○配偶者は、常に相続人として扱われます。

○被相続人に子どもや親、兄弟姉妹がいる場合は、順位が決まっています。

第1順位：子

第2順位：子がいない時には、直系尊属（親や祖父母）

第3順位：子も直系尊属もいない時には、兄弟姉妹

また、相続割合についても法律で決まっています。

例えば、亡くなった方に妻と子どもがいる場合は、妻と子どもが相続人です。亡くなった方に妻も子どももいない場合は、第2順位の直系尊属が相続人となりますから、親が生きていれば、親が相続人になります。

「子どもがいないご夫婦は特に、遺言書を遺しておくことを意識しましょう」とお話しすると、「きょうだいには遺留分がないのだから、わざわざ遺言書を遺す必要はないでしょう」と言われることがあります。先ほどの大吾さんもこのケースでした。

法定相続人と相続割合

順位	法定相続分	
第1順位	配偶者 1/2	子ども 1/2
第2順位 子ども がいない場合	配偶者 2/3	親（直系尊属） 1/3
第3順位 子ども・直系尊属 がいない場合	配偶者 3/4	兄弟・姉妹 1/4

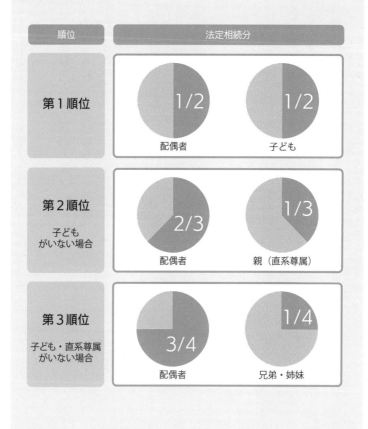

遺留分についてご存じでない方のために、少し触れておきましょう。民法という法律には、このような定めがあります。

民法１０４２条（遺留分の帰属及びその割合）

きょうだい以外の相続人は、遺留分として、次条第1項に規定する遺留分を算定するための財産の価額に、次の各号に掲げる区分に応じてそれぞれ当該各号に定める割合を乗じた額を受ける。

少し分かりにくいのですが、**きょうだい以外の法定相続人には、「遺留分」が認められています。**遺留分とは、「最低限相続できる財産」のことだと思っていただくと分かりやすいかもしれません。

例えば妻を亡くし、子どもがいる夫が死後の面倒も見てくれた方に財産の全てを渡したいと考え、そのような遺言書を作ったとします。しかし、子どもが要求すれば、一定額の財産を相続できるという決まりがあるのです。この「一定額の財産」のことを「遺留分」と呼びます。遺留分の割合は、法定相続人が誰なのかによって変わってきます。

法定相続人と遺留分割分

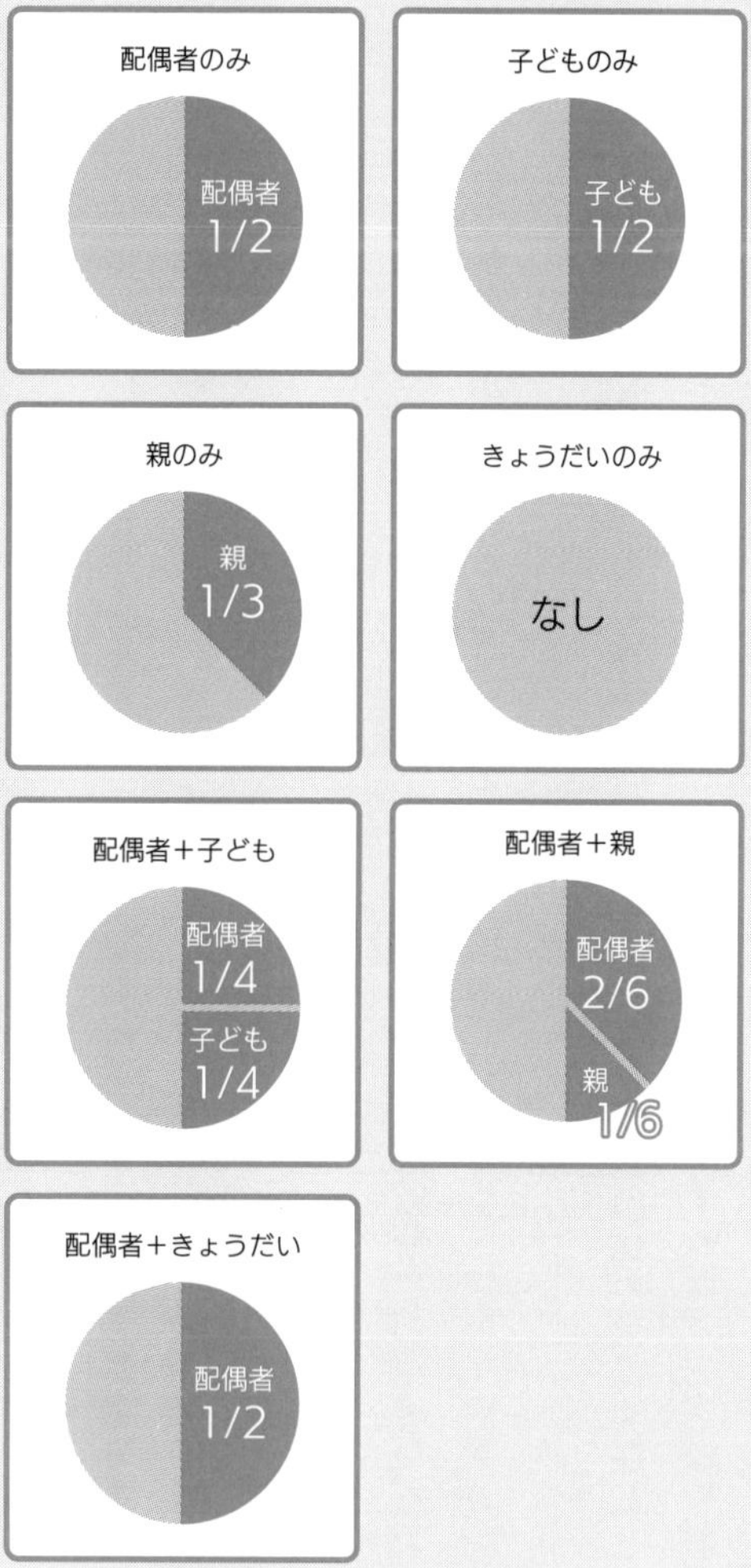

(3) 公正証書遺言

今回、大吾さんは公正証書遺言を作成しました。公正証書遺言とは、公証人という第三者の立ち会いのもとで作成する遺言書のことです。日本公証人連合会のホームページでは、「遺言者本人が、公証人と証人2名の前で、遺言の内容を口頭で告げ、公証人が、それが遺言者の真意であることを確認した上、これを文章にまとめたものを、遺言者および証人2名に読み聞かせ、または閲覧させて、内容に間違いがないことを確認してもらって、遺言公正証書として作成します」と解説されています。

公正証書遺言は公証役場に控えが保管されるため、自宅などに保管する手書きの遺言書に比べて紛失もなく、安全性が高いです。

公証人を通じて遺言書を作るというプロセスに対して、大吾さんのように「手間や時間がかかりそう」と考える方も少なくありませんが、**公正証書遺言の手続きは思っているよりもはるかに簡単**です。

まずは公証役場に「公正証書遺言を作りたいのですが」という連絡をして、打合せ日時を調整します。追加費用はかかりますが、打合せは自宅などで行うこともできます。そして、公証人の前で遺言書の内容を話すだけ。手数料はかかりますが、思っているよりもはるかに簡単な手続きで済むのです。公正証書遺言も自筆の遺言書と同じく、何度でも作り直すこともできます。

3 認知症に備えた家族信託

家族信託とは、財産を持っている人が、一定の目的のために家族に財産を託し、財産を託された家族は信託契約という契約に従って、その財産を管理・活用・処分し、利益を受益者に給付するものです。

財産を託す側の人を「委託者」、財産を託される家族を「受託者」、得られた利益を受け取る人を「受益者」と呼びます。

不動産活用の方法を知りたい方や将来的に売却を視野に入れて管理したい方などから、家族信託に関する相談を受けることがあります。誰しも認知症になる可能性がありますから、家族信託について基本的なことを知っておいて損はありません。家族信託の仕組み自体はそこまで難しくはありませんが、その方の意図に沿った手続きを進めるためには専門家との連携が必要です。

そこで今回は、事例に加えて「家族信託とは何か？」という信託の仕組みについても触れていきます。

（1）将来、売却資産で介護施設への入居

今回の相談者は、和男さんという50代の男性です。和男さんは結婚して実家とは別のマンションに住んでおり、母のキヨさんは実家で暮らしています。

キヨさんはもうすぐ90歳。お元気ではあるものの、足取りがおぼつかなくなってきていることから、和男さんは何度もキヨさんに「実家を処分して、一緒に暮らそう」と提案していました。しかしキヨさんは、住み慣れた自宅で暮らしたいとのことでした。それは、同居して和男さんに迷惑をかけたくないという思いがあるようです。

今回、実家の売却について、和男さんから顧問の税理士に相談があり、私が紹介を受けました。資金的なことを和男さんに確認したところ、自宅でキヨさんを介護するための資金は

用意できているものの、有料老人ホームに入居するには、実家の売却資金が必要になりそうでした。実家はキヨさんの名義ですから、万が一認知症になってしまうと、実家を売却するための意思表示ができなくなります。

(2) 家族信託を組成する

キヨさんが実家に住み続けつつ、認知症になってしまった後でも売却することができるように、和男さんは家族信託の組成を検討することになりました。**キヨさんを委託者、和男さんを受託者、そして、受益者をキヨさんとする家族信託を組成することによって、受益者であるキヨさんのために、和男さんに実家の管理・活用・売却を任せることができる**ようにしておくためです。

こうしておくことで、もしもキヨさんが認知症になってしまったり、介護施設に入ることになったりしたときには、和男さんの権限で自宅の売却手続きをすることができるようになります。

不動産を信託する場合、信託の登記が必須となる（信託法第34条2項）ため、司法書士と共に業務を進めていくことになります。

（3）餅は餅屋

ここで気を付けなければならないことは、「全ての司法書士が信託の手続きに精通しているわけではない」ということです。司法書士の方が関わる業務は多岐にわたり、専門分野を絞って業務に取り組んでいる方もいます。

和男さんを紹介してくれた税理士が提携する司法書士は、信託業務は手がけていないとのことで、私が提携している司法書士と共に業務を進めることになりました。

家族信託を組成した後、税理士から「今までよりも和男さんが実家を訪れるようになった」とお聞きしました。和男さんは、受託者となったことで、今まで以上に親のことを気にかけるようになったと話しているそうです。和男さんは、「親がこのまま実家で過ごし、掛け捨て保険のように、信託契約に要した費用は不要だったと言える日がくればよいな」と話をされていました。

家族信託を組成したからといって、全ての人が家族信託を活用する事態になるわけではありません。例えば、キヨさんが元気なまま、自宅で天寿を全うする可能性も十分にあるわけです。家族信託は専門的知識が必要なため、組成するためには、専門家に依頼する必要があります。専門家に依頼するには当然それなりに費用もかかります。「お金をかけて信託を組んだけど、結局使わなかった」ということも十分にあり得ます。

家族信託を組成したものの、使わないままだと「せっかくお金をかけたのに無駄になってしまった」と思われるかもしれません。和男さんのように、**掛け捨て保険と思えるような家族信託の必要性が高いケースであれば、信託の組成を検討することは有益**です。

和男さんは今回、キヨさんの認知症についても心配されていました。キヨさんが認知症が発症してしまうと管理・活用・処分することができないようになってしまい、どれだけ財産を持っていても使えません。**認知症の兆候がすでにあるなど、緊急性が高い場合は早急に検討した方が良い**でしょう。

コラム／財産管理と身上監護

財産の管理・活用・処分権限まで付与できる家族信託ですが、生活・療養・介護の手配などの身上監護は別途検討が必要です。相談者がどのように財産を利用し、どのような暮らしをしていきたいかを確認し、必要に応じて司法書士に依頼するなどして、契約を組成しています。

①財産管理委任契約（委任契約）

判断能力が衰える前に、自身に代わって財産管理・身上監護の事務を任せる契約。財産管理契約の受任者に代理権を付与する場合は、任意代理契約も締結します。

②任意後見契約

判断能力が衰えた場合に備え、財産管理・身上監護に関する代理権を、受任者に付与する契約。任意後見契約を締結しただけでは効力は発生せず、任意後見監督人が選任された時から効力が生じます。

③見守り契約

任意後見契約を締結した受任者と、本人との間で、定期的に連絡（必要に応じて面談）し、必要となる手続きについて継続的に協議を行う契約。

④死後事務委任

本人が亡くなった後、死亡届の提出、葬儀の手配、医療費や公共料金ほかの支払などの手続きを、本人に代わって行うことを約した契約。遺言は、財産の処分（分割）方法と、相続人の身分確定に備えるもの。死後の事務まで担保できるものではありません。ですから、遺言書とは別に死後事務委任契約も締結しておくと安心です。

4　測量がなされていない土地の売却

生前対策においては、家族構成や現預金・不動産などの財産構成による現状分析を基に、所有者の意向に沿った手続きを進めています。

生前対策の相談に来られる方の中には、「自分が生きている間は不動産を処分したくないけれど、将来不動産を相続するであろう子どもに相続税のことで苦労をかけたくない」と言う方も少なくありません。今回もそのような事例でした。

（1）不動産売却による相続税納付

和子さんは80歳。自宅以外にも複数の土地を所有しています。年金のほかに所有しているアパートの家賃収入を得て暮らしていました。5年前に亡くなった夫の相続手続きの際、「落ちついたら自分の相続のことも考えないと、娘さんが大変だよ」という税理士からの言葉を思い出し、確定申告の打合せの際にその税理士に相談しました。

後日、税理士が相続税を試算したところ、現預金で相続税を納税するのが難しいこと、複数所有している土地のどれかを売却して相続税の納税資金を作る必要があり、税理士から売却予定地の選定の相談がありました。

和子さんが所有している不動産

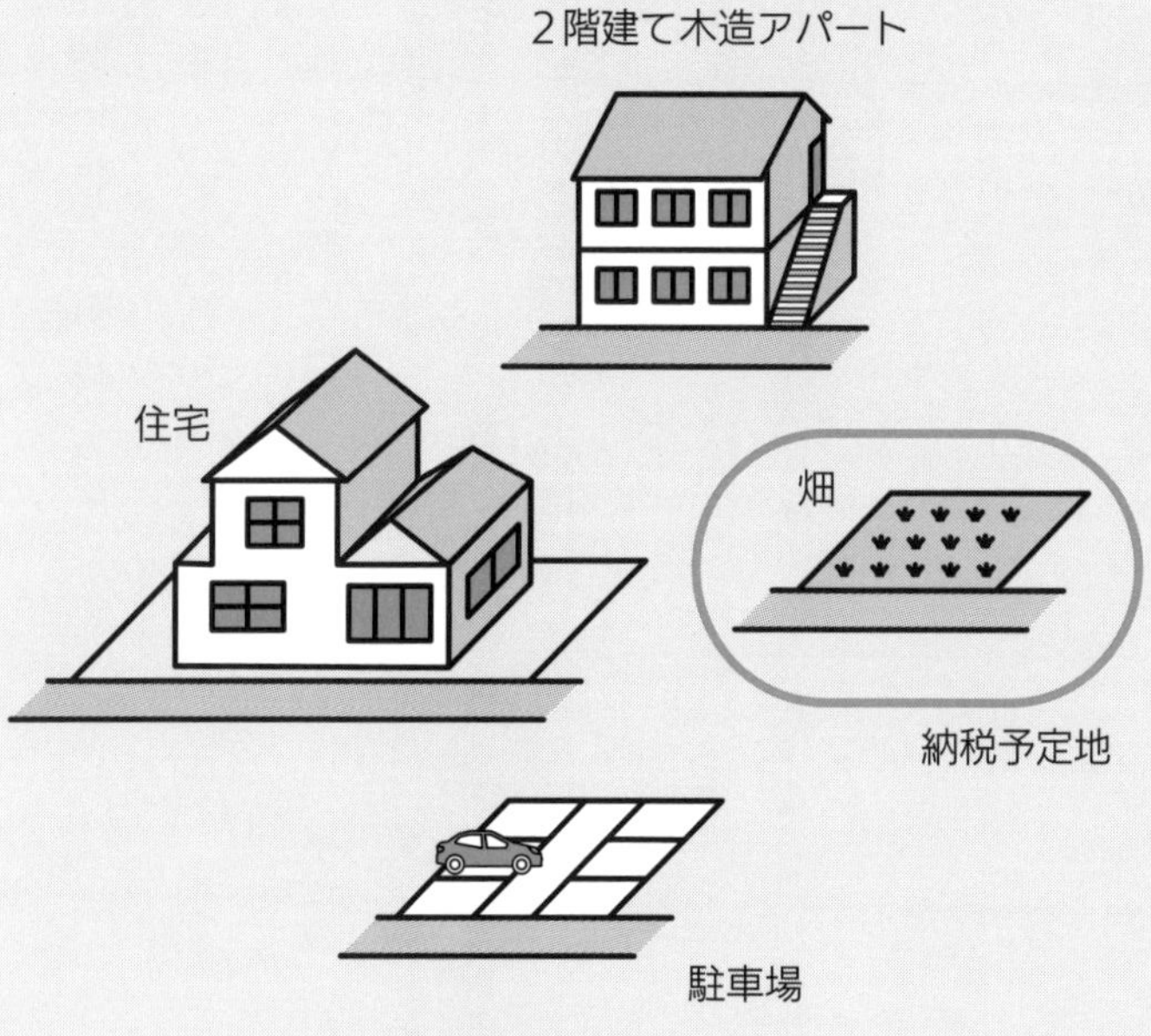

（2）税理士との打合せ

和子さんのほかに、相続人となる一人娘の栄子さんも同席されました。打合せ後、不動産の物件調査と売却査定を進めました。

和子さんおよび栄子さんと協議し、相続税の納税に目処がつく土地（畑）の候補が決まりました。ただ、その土地は先祖代々受け継がれてきた土地で、測量がなされた形跡がありませんでした。

納税予定地は駅から徒歩20分程度、固定資産税の納税通知書に記載された登記と課税面積を見てみると、戸建て住宅３区画分の面積がありました。一棟の戸建て住宅用地としては大きく建売住宅の販売会社への売却が高値となることが想定されました。そこで、境界確定測量を行うことを提案しました。

境界確定測量とは、対象地と接する土地（道路）所有者との境界を確定させる測量のことです。境界確定測量と共に隣の土地から越境している樹木やブロック塀などの工作物の越境がないかも確認します。土地を売却する時に、買主から「隣の土地から越境してきている木の枝やブロック塀を撤去してくださいね」と求められる可能性があるため、それに対する処置も検討するためです。

(3)「現況測量」と「境界確定測量」

土地の測量方法は、大別すると「現況測量」と「境界確定測量」という2種類の手続きがあります。

「現況測量」とは、現地に存在する境界標やブロック塀などの工作物に基づいて、面積や道路の幅員などを求める測量のこと。また「境界確定測量」とは、隣の土地や道路との境界まで確定させる測量のことです。

境界確定測量を行う際は、隣接している土地や道路の所有者と立ち会いを行い、確定した境界を確認するための「境界確認書」を締結します。

境界確定測量をすることで、境界が確定するだけでなく敷地(建築)面積も確定します。そのため、境界に争いがない土地として売却できることにもなります。

測量について案内すると、「測量って、した方がいいんですか？」「必ずするべきなんですか？」という質問を受けることがあります。測量にはコストがかかるので、「必要ないのであれば、しなくてもいいんじゃないか」という気持ちがあるためです。

境界確定測量は必ずしも必要というわけではありませんが、**土地の測量図面（地積測量図）がない場合は、少なくとも現況測量はしたほうが良い**でしょう。買い手に回った時のことを考えてみると分かりやすいのですが、例えば１００㎡の土地を買おうとしているのに、所有者から「１００㎡あると思いますが、敷地形状は分かりません」「もしかすると１００㎡ちゃんとあるかは分かりません」と言われたとしたら、その土地を買うことに不安を覚えてしまいますよね。

「だとしても、実際に売却する時に測量すればいいだけで、すぐに測量をする必要はないのでは？」と思われる方もいらっしゃるかもしれません。特に今回の和子さんのように、相続税の支払いのために土地を売却することを検討している方の場合は、「実際に相続が起きてから測量しても遅くはないでしょう」とおっしゃる方もいます。

今回のように売却が必要となるケースで、境界確定測量をしなければ、土地を売却できないことが想定される場合には、先行して境界確定測量を実施することを提案しています。なぜなら、測量には時間がかかるからです。現況測量ならばそこまで時間はかかりませんが、**境界確定測量の場合は、少なくとも2〜3ヵ月、長ければ半年以上かかる**こともあります。

特に時間を要するのが、道路などの行政が保有している土地との境界確定です。行政が保管する過去の測量資料との整合に時間がかかることがあるのです。

今回のケースで、仮に測量がなされないまま和子さんが亡くなって相続が開始したとします。相続税については原則として「被相続人が死亡したことを知った日（通常の場合は、被相続人の死亡の日）の翌日から10ヵ月以内に、現金で行う」必要があります。

「10ヵ月もあるから大丈夫」と考えて安心する方もいるのですが、安心してはいけません。遺産分割協議に時間を要することもあり、10ヵ月はあっという間に経ってしまうからです。また、測量に半年やそれ以上かかってしまったとしたら、測量が終わった段階で、相続税の納税期限まであと数ヶ月しかない、ということにもなりかねません。

(4) 相続財産を売却した場合の取得費加算の特例

本件のような手続きを進める場合には、ご相談者に売却を現時点で行うか、それとも相続後に行うかを税理士と共に確認しています。

現時点で不動産を売却する場合は、譲渡所得税などの税金がかかるものの、相続税の納付財源となる現金を保有することができます。

一方で、土地などの売却で利益が出た場合、譲渡所得税などの税金が課せられます。しかし、相続または遺贈により取得した土地などの財産を一定期間内に売却した場合、**相続税額の一部の金額を譲渡資産の取得費に加算することができ、利益を圧縮することができます。**

この事例では、相続人は娘の栄子さん一人ですから、栄子さんが決めさえすれば手続きに進むことができますが、**相続人が複数いる場合は、相続後の遺産分割協議が難航してしまうと、納税予定地の相続人が定まらず、売却に支障が出る**可能性もあります。

「キャッシュを手元においておくか」も検討事項なのです。

コラム／依頼を受けたときのフロー

不動産の売買や活用を検討する上で、基礎となるのが不動産の物件調査です。特に、土地に関わる調査はとても重要です。

●資料を集める

まずは、市区町村（23区は都税事務所）から送付されてくる「固定資産税課税明細」などを参照して調査対象物件を確認します。私道など、固定資産税・都市計画税の課税がない物件があることが想定される場合は、「名寄帳」を取得する必要があります。

また、未登記の家屋の場合には、所有権の移転ができないため、表題登記申請の準備など、必要な手続きを案内します。

調査対象物件を確認後、現地、市区町村役場、法務局、上下水道局などに行って調査を進めます。その際、資料収集よりも重要なのが職員の方への聞き取りです。不動産の売買や活用などを進める上で、どのような制約や緩和措置があるのかを職員の方に確認

令和元年　月　日　　**土地・家屋名寄帳**　　東京都〇〇区　　令和元年7月16日

納税義務者住所	〒〇〇〇-〇〇〇〇 〇〇区〇〇丁目〇〇番	納税義務者氏名・名称	〇〇〇〇　〇〇〇　外1名　様	通知書番号	1234-5678-9
	〒			ページ	1/1

区　分	固定資産税標準学(円)	都市計画税標準額(円)	区　分	固定資産税（円）	都市計画税（円）	区　分	固定資産税（円）	都市計画税（円）
土　地①	1234567	1234567		87654	23456		0	23456
家　屋②	4567891	4567891		0	0		87654	23456
合計（①+②）	5802458	5802458		0	0		87654	23456
			免除税額	0	0		0	0

区　分	年税額（円）	第1期（円）	第2期（円）	第3期（円）	第4期（円）	通年1（円）	通年2円）	通年3（円）	通年4（円）
確定税額	111100	30000	25000	25000	25000	0	0	0	0
徴収猶予税額	0	0	0	0	0	0	0	0	0
納付税額	111100	30000	25000	25000	25000	0	0	0	0

区分	所在地名称 / 登記地目/種類 / 現在地目/種類				家屋番号			価格（円）	物件番号（円）	室番（円）
土地	東京都〇〇区			1				9728668	01234567	
	宅地		155.50		市街化	専用住宅	1644444	1644444		22200
	宅地		155.50			1	3288888	3288888		9876
家屋	東京都〇〇区							4567890	00333333	
	居宅	セメント	146.58 市街地					[illegible]		[illegible]
	木造		146.58					4567890		12345

します。場合によっては、職員の方に調査を依頼して後日回答をいただくこともあります。

※名寄《なよせ》帳とは

所有している不動産を確認するための書類が、自治体が発行している「名寄帳」です。

1月1日時点の不動産所有者（東京23区では6月上旬）に「固定資産税（土地・家屋）の課税明細書」という書類が所有者のところに届きますが、私道など、固定資産税が免税される評価額（土地は30万円、建物は20万円）の不動産は記載されていないことがあります。名寄帳を取り寄せることで、所有している不動産が確認できるのです。

名寄帳は市区町村の役場ごとに管理・発行しているもので、隣の市区町村や他県など、自治体をまたいで所有している不動産については、管轄している市区町村の役場で取得する必要があります。本人であれば市区町村役場（23区は都税事務所）で取得できますが、委任状を交付することで代理人が取得することもできます。

相続手続きの際は、遺言執行者や不動産所有者の相続人が取得できますが、戸籍・除籍謄本などで、名寄帳の取得者と申請者の関係を示す必要があります。なお、戸籍・除籍謄本などは、原本の提示を求められます。

また、これが面倒なところで、名寄帳にも全ての所有地が載っているとは限りません。山林など、固定資産税が課税されていない不動産の記載に漏れがあったこともありました。市区町村が把握しきれていないこともあるので注意が必要です。

●調査報告書の提出～解決に向けて対応を進める

集めた資料や調査事項を整理してから、現状分析を経て調査報告書を作成します。調査報告書をもとに依頼者の方と打合せを行い、選択肢の中からどのプランで実行していくかを確認します。状況によって最適なプランはさまざまですが、相談者の意向に沿うことを何より重視しています。

5 無道路地の土地活用

建築物の敷地は、建築基準法で定められた道路に2m以上接していなければ、原則として建物を新築することができません。建物が新築できない土地を購入する場合、既存の建物があればリフォームをして利用することもできますが、購入するために金融機関から融資を受けることは難しいというのが実情です。なぜなら、建物の新築ができないため、売却して換金することが難しいと判断されるからです。

金融機関から融資を受ける際には、土地・建物を担保に入れることになります。金融機関は、万が一返済が滞った時、競売で土地・建物を売却して返済手続きを進めます。新築できない土地は買い手がつくのが難しいため、金融機関としても融資に消極的にならざるを得ないのです。

では、どのように活用すれば良いのでしょうか？

(1) 無道路地の土地を活用する3つの選択肢

今回の相談者は、実さん。実さんは、間口1・8mの再建築不可の無道路地を所有しています。その土地には戸建て住宅が建っており、20年前までは実さん家族が自宅として利用していました。今は人に貸していますが、建物の老朽化が進んできています。

実さんには1人息子の圭祐さんがいます。このままでは、圭祐さんが再建築不可の土地を相続しなければなりません。

実さんは長年この問題で頭を悩ませていましたが、70歳になったことを契機に、不動産管理を委託している不動産会社に相談。不動産会社の担当者から、私のところに相談がきました。

無道路地を活用する場合、方法としては3つあります。1つは、今建っている家をリフォームしながら利用し続けること。そして次に、現状のままで売却すること。最後が、再建築が

実さんの所有地

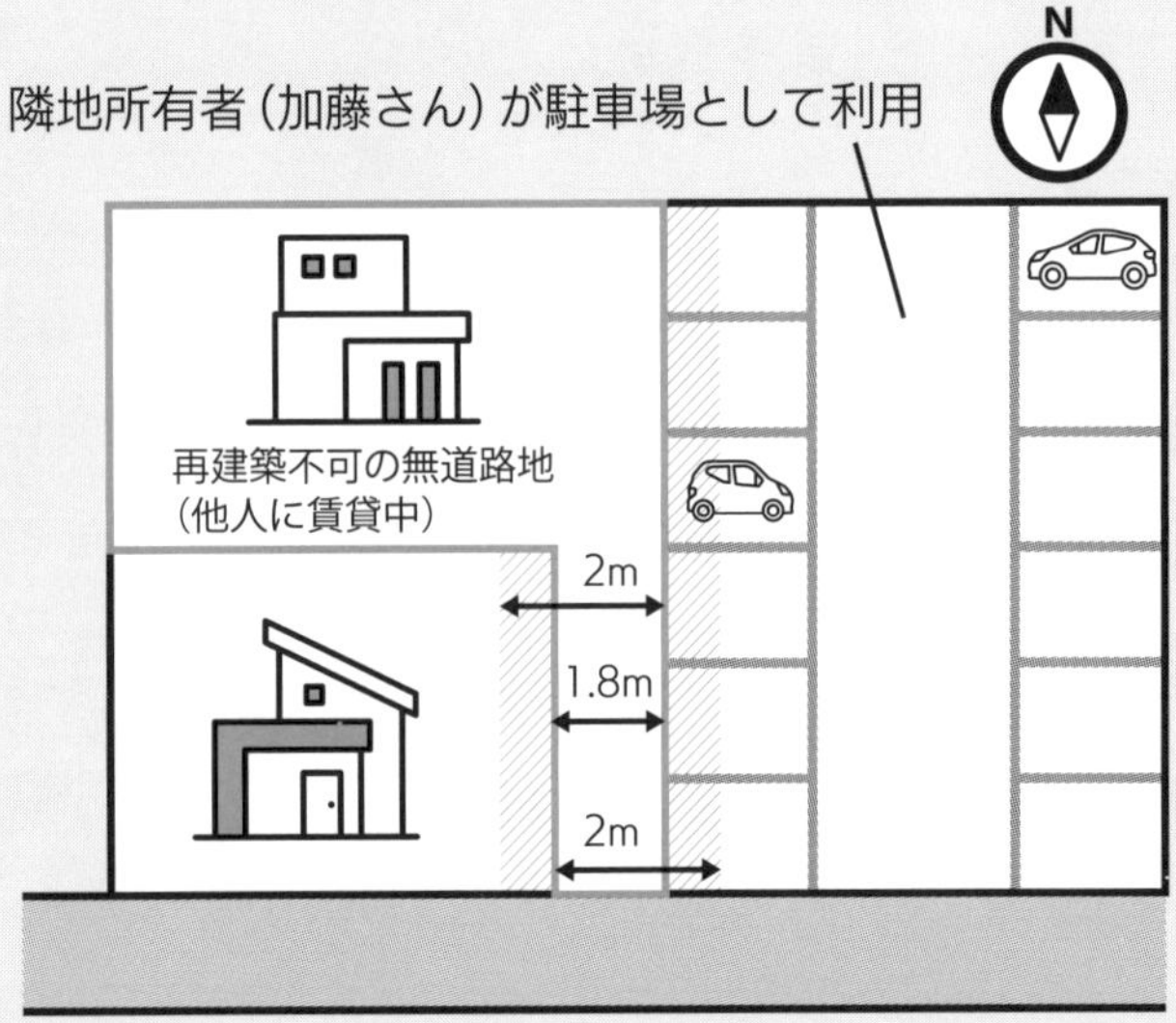
N
隣地所有者（加藤さん）が駐車場として利用
再建築不可の無道路地
（他人に賃貸中）
2m
1.8m
2m

郵便はがき

恐れ入りますが
切手を貼って
お出しください

112-0005

東京都文京区水道 2-11-5

明日香出版社

プレゼント係行

感想を送っていただいた方の中から
毎月抽選で 10 名様に図書カード(1000 円分)をプレゼント!

ふりがな お名前	
ご住所	郵便番号 (　　　) 電話 (　　　) 都道 府県
メールアドレス	

＊ ご記入いただいた個人情報は厳重に管理し、弊社からのご案内や商品の発送以外の目的で使うことはありません。
＊ 弊社 WEB サイトからもご意見、ご感想の書き込みが可能です。

明日香出版社ホームページ https://www.asuka-g.co.jp

ご愛読ありがとうございます。
今後の参考にさせていただきますので、ぜひご意見をお聞かせください。

本書の
タイトル

年齢：　　　歳	性別：男・女	ご職業：	月頃購入

● 何でこの本のことを知りましたか？

① 書店　② コンビニ　③ WEB　④ 新聞広告　⑤ その他

（具体的には →　　　　　　　　　　　　　　　　　　）

● どこでこの本を購入しましたか？

① 書店　② ネット　③ コンビニ　④ その他

（具体的なお店 →　　　　　　　　　　　　　　　　　）

● 感想をお聞かせください

① 価格	高い・ふつう・安い
② 著者	悪い・ふつう・良い
③ レイアウト	悪い・ふつう・良い
④ タイトル	悪い・ふつう・良い
⑤ カバー	悪い・ふつう・良い
⑥ 総評	悪い・ふつう・良い

● 購入の決め手は何ですか？

● 実際に読んでみていかがでしたか？（良いところ、不満な点）

● その他（解決したい悩み、出版してほしいテーマ、ご意見など）

● ご意見、ご感想を弊社ホームページなどで紹介しても良いですか？

① 名前を出して良い　② イニシャルなら良い　③ 出さないでほしい

ご協力ありがとうございました。

できる条件を備えることです。

どの方法を選ぶにせよ、まずは現状分析から行います。建物の建築年数やリフォーム履歴などによって、何年程度貸家として使えるかは違ってきます。また、現状のままで売却した時の価値はどうなるのかといったことや、再建築できる条件の整備方法など、選択肢を並べた上で、相談者の意向を踏まえ対応方法を検討します。

ちなみに、相談者の中には「再建築できない＝売却できない＝0円の土地」と心配される方もいるのですが、そうとばかりとは限りません。

（2）接道要件を満たす方法

実さん親子に現状分析に関する調査報告書を提出したところ、圭祐さんから「すぐに売る理由があるわけではないし、親父もまだ元気なので、再建築できる方法を模索する方法で進めてください。現状のまま相続することになったとしても、財産を引き継げるだけでもありがたいことですし」という言葉をいただきました。

父の実さんの肩の荷が下りたのでしょうか。実さんは「もっと早く言っておけば良かった」とお話くださいました。圭祐さんは、「そんなことで悩んでいたとは知らなかった」と驚かれたようです。実さんからも「息子の意向通りに進めてください」と言われ、再建築できる方法を検討することになりました。

南側の戸建て住宅の敷地を一部利用できるか

実さんの土地と68ページの図の青色部分を合わせれば、道路に2m接道する旗竿地（路地状敷地）になります。物件調査時、その土地の建築計画概要書（※）を確認したところ、青色斜線部分を含め、15年前に建築確認申請敷地として建築申請がなされていました。

※建築計画概要書・・・建築計画の概略が記載された書類

旗竿地（路地上敷地）とは

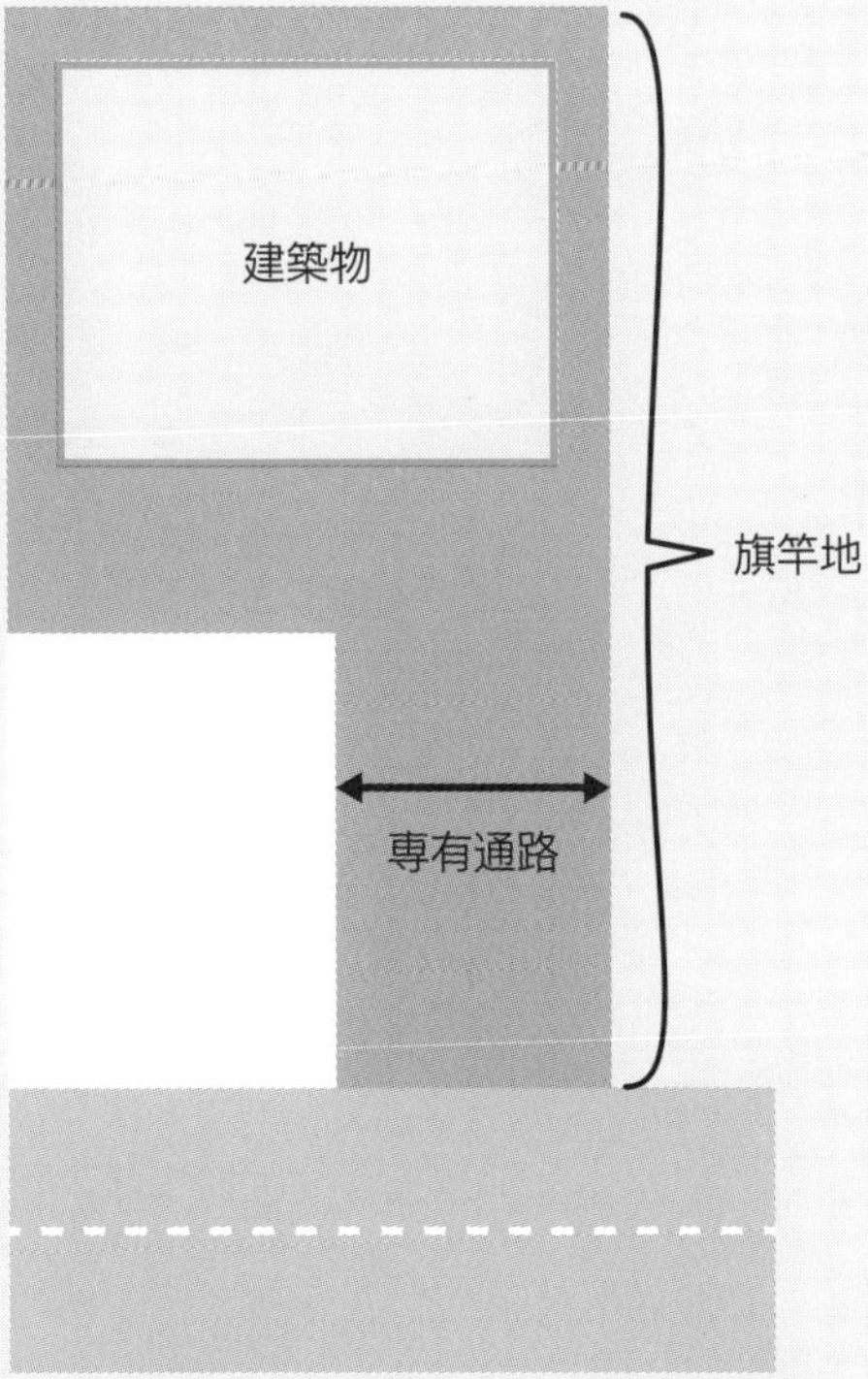

旗竿地・・・細長い専用通路のある敷地形状の呼び名

先に建築確認申請敷地とされた土地を、別の建築確認申請敷地とすることは困難です。築15年の木造住宅の建て替えのタイミングを待つのは現実的ではないと実さん親子も判断されました。

ちなみに、**建築確認申請は建築する建物が建築基準法に適合しているかを審査するものであり、土地を所有しているかは確認されません。**そのため、68ページの図の青色部分が自己の所有地であっても土地の所有者から利用を許可された敷地であっても、建築確認申請自体に影響はありません。

東側の駐車場の敷地を一部利用できるか

物件調査時、実例の駐車場については建築計画概要書などで建築計画がなされていませんでした。駐車場の所有者である加藤さんの意向までは測りかねますが、何か相談をする際は、普段の付き合い（関係性）が大きく左右します。

子どものために再建築できる土地にしたいというこちらの想いは、隣接地所有者にとっては関係のないことです。それでも**「売ってあげてもいいかな」「協力できる範囲であれば、相**

談に応じてあげよう」と思ってもらえるためには、円満な関係を築いてきたかどうかが影響します。また、売却について話を進めることになった時には測量の立ち会いや購入させていただく範囲の調整など、隣接地所有者には負担をかけることになります。その点を理解した上で、協力を求める姿勢が大切です。

実さん親子にお聞きすると、加藤さんは駐車場の近所に今も住んでいるそうですが、特段の付き合いがあるわけではないとのこと。ただ、近所に住んでいたこともあり、面識はあるとのことでした。

そこで、実さん親子から加藤さんに対して「うちはご存じの通り、間口がなくて建て替えができないんですが、建物が古くなってきているので、駐車場以外の活用をする際は相談させていただけるとありがたいです」と申し入れを行うことになりました。

（3）隣接地所有者への売却

加藤さん宅への訪問に先立ち、実さん親子に対して「仮に加藤さんから売却を求められたらどうしますか？」と質問しました。再建築不可の土地はどうしても買い手がつきづらく、買い手がついたとしても低い価格でしか売却できないのが現実です。実さん親子の土地については車両が敷地内に侵入できないこともあり、私がした売却査定も再建築できる土地の5割程度の価格となりました。

しかし加藤さんにしてみれば、実さんの土地を購入することで利用できる地続きの土地が増えます。そのため、他の購入者よりも高値での購入を打診される可能性があります。また、加藤さんが駐車場の売却を検討していたとしたら、実さんの土地を共同売却することで、単独敷地よりも高い単価で売却できる可能性もあります。

このように相談者の意向でないことでも、起こり得る事態を想定して先に対応を検討するようにしています。今回のケースでは、加藤さん宅に訪問したときには、こちらの話を聞いていただいただけで終わり、駐車場所有者の方から売却の話は出ませんでした。

しかし、相談をしにいくだけのつもりが、その場で売却を打診されることもあるわけです。そのときに返答できないことによって相談者に不利益が生じないように心がけています。

（4）その後

申入れから2年後、加藤さんから実さんに『うちの土地の一部を買いませんか？』と打診がありました。加藤さんが駐車場にアパートを建築することになり、実さんに間口20センチ部分を売却しても建築計画に変わりがないことが分かったそうです。

その後話し合いを進め、最終的には、境界確定測量・分筆登記費用は実さんと加藤さんとの折半、売買代金は土地の相場に合わせた単価とし、売買手続きを進めることができました。加藤さんの寛大な処置に、「もう足を向けて寝られないね」と実さん親子が喜んでいました。

第 2 章

共有不動産の問題

1　共有の不動産を「売りたい」兄と「売りたくない」弟

今回の相談者は、一郎さんと娘の京子さん。一郎さんの両親は20年前に他界しており、両親が住んでいた郊外の実家をリフォームして賃貸に出していましたが、数年前に入居者が退去した後は空き家になっています。

一郎さんは空き家になった実家を訪れては、庭の草むしりなどの維持管理をしてきましたが、一郎さんも80歳を超え、実家に訪れることが難しくなり、売却を検討し始めました。

一点気がかりだったのは、実家を一郎さんと次郎さんの共有にしていたことです。

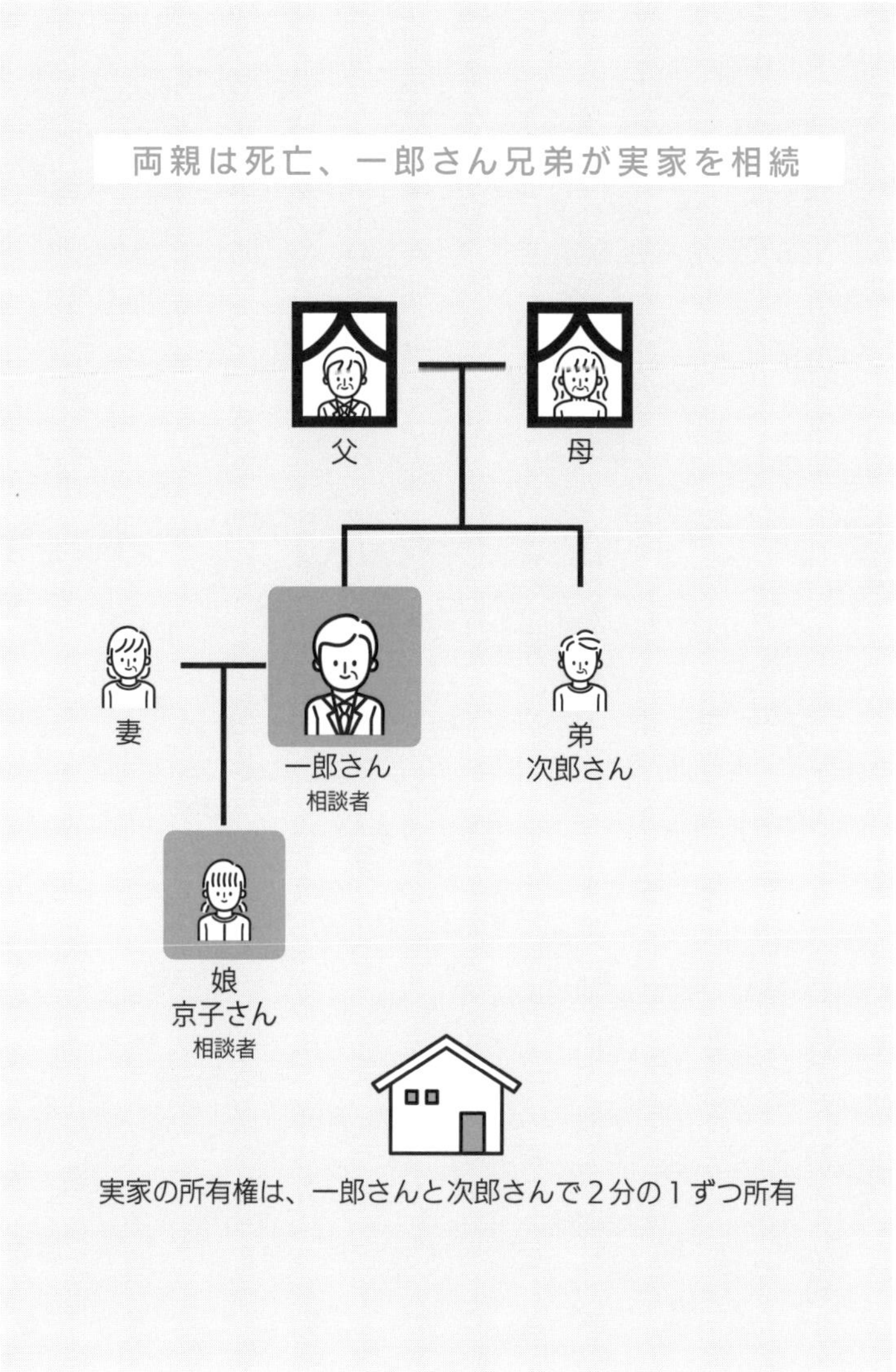
両親は死亡、一郎さん兄弟が実家を相続
父
母
妻
一郎さん
相談者
弟
次郎さん
娘
京子さん
相談者
実家の所有権は、一郎さんと次郎さんで2分の1ずつ所有

（1）解体に反対される

一郎さんが次郎さんに「実家を壊して土地を売りたいと思っている」と伝えたところ、次郎さんから返ってきたのは、「実家を壊すのは反対だ」という返事でした。小さな頃に両親と暮らした思い出の家だから、残しておきたいと言うのです。

困った一郎さんは、娘の京子さんに相談。京子さんは、「とりあえず素人が話をしていても始まらないから、不動産会社に相談してみよう」と一郎さんを誘って実家の近くの不動産会社に行きました。しかし、「とりあえず、売却の話がまとまったらまた来てください」と言われただけで、具体的な悩みについては相談に乗ってもらえませんでした。他にも何社か不動産会社を回ってみましたが、どこも同じ対応だったそうです。

「話がまとまったら来い」と言われても、次郎さんは解体を拒絶しており、どのように話を進めれば良いか分かりません。それに、もし解体するとなった時には誰に解体を依頼すればいいのかも分かりません。そんな状況で、ただただ「今のままだとあの家が壊れてしまう、そうしたら周りの人に被害が及んでしまうかもしれない」と不安を抱えながら過ごしていました。

実家は築60年以上が経つ木造の建物。しばらく利用していないこともあり、老朽化が進んでいました。季節は夏、万が一大型の台風で建物が倒壊し、周りの家に被害を及ぼしたり、人にぶつかってしまったら一大事です。それだけではありません。敷地内にゴミを不法投棄されたり、放火されたりするおそれもあります。

そのような折、私が税理士・司法書士と共催したセミナーに京子さんが来場されました。

（2）共有不動産の変更行為

京子さんには、こんな疑問が浮かんでいました。

「父の名義でもあるのだから、父が『解体したい』と言ったら解体できるんじゃないの?」

しかし、法律上では共有財産に関しては、次のルールが定められています。

・共有物の「変更又は処分」をするには共有者全員の同意を要する
・「管理に関する事項」は、持分の価格に従ってその過半数で決する

例えば今回の例で言えば、**「建物を解体したい」というのは「変更」にあたります。共有者である一郎さんと次郎さん2人の同意が必要**なのです。

では、やはり一郎さんと京子さんはどうすることもできないのでしょうか?

（３）共有者との意見が分かれている時

京子さんに、「次郎さんと話をしてみませんか？」と提案しました。実家への思い入れ以外に、次郎さんが解体に反対している理由がないか、姪の立場から確認してみてはどうかと伝えました。共有の不動産においては所有者同士で意見が対立してしまうことは珍しくありませんが、**意見が対立している理由を整理し、突破口を見出すことができれば、問題解決に向かうことがあります。**

突破口の１つとして、金銭的な問題が隠れていることがあります。「お金がもったいないから」「お金がないから」という理由で反対するのは恥ずかしい、みっともないという心理が働くため、もっともらしい理由を付けて反対していることがあります。

京子さんが次郎さんと話をしてみると、次郎さんが解体に反対している理由がわかってきました。解体費用を先に出費することに抵抗があったのです。土地が売れれば解体費用も回収できますが、次郎さんは「こんな土地が売れるわけがない」と思っていたのです。

調べると実家のある場所は駅からバスを使う場所ではあるものの住宅街の立地で、買い手がつくことは確実でした。都内に住む次郎さんは不安に思われていましたので、不動産の買取業者から見積りを取得。建物の解体をせずに、引渡しできる条件を提示する会社もあり、次郎さんに売却について同意いただくことができました。

このように、詳しく話を聞いてみると解決策が見えてくることがあります。当事者同士では話し合いがつかない、感情的になってしまい話し合いが決裂してしまったなどの相談が寄せられ、解決策を導き出すことで問題が解決することもあります。

コラム／共有物分割請求訴訟

所有者間の話し合いで収まらない可能性を感じたときは、先に「共有物分割請求訴訟」について説明することがあります。共有物分割請求とは、共有物の分割について共有者間に協議が調わない、または協議をすることができないときに、裁判所に間に入ってもらう制度です。

裁判所は、共有物の現物を分割する「現物分割」、共有者の一部が他の共有者の持分の全部または一部を取得し、その分の対価を支払う「代償分割」、売却して対価を分ける「換価分割」、いずれかの方法で分割を命じることができます。

共有物分割請求訴訟は1名でも申請できます。つまり、共有者の中で話がまとまっていなくても、共有者の1人に裁判所へ共有物分割請求を申し立てられてしまったら、裁判所から分割命令が下されることもあるのです。

裁判には時間とお金がかかるだけでなく、その後の関係性にも影響が出ます。話し合いでまとまることに越したことはありません。

2　解体助成手続きを利用した売却

吾郎さんと昌子さんはきょうだいです。5年前に両親が他界。2人ともそれぞれ自宅を所有していたため、実家は共有で相続し、貸家にすることにしました。

借家人が退去したタイミングで売却を検討することになり、相続手続きを依頼した司法書士に相談。司法書士から私のところに、「不動産の活用方法の相談に乗って欲しい」と連絡がありました。

（1）売却前に解体するか？

お2人から話を伺うと、売却することで意見はまとまってはいるものの、販売方法で意見が分かれていました。吾郎さんは「建物が古く更地にしてからでないと買う人がいないので、実家を取り壊し、更地にして売却したい」とのこと、一方、昌子さんは「解体するのは大変なので、現状のままで売却したい」と言います。

まずは物件調査を進めることに。調査してみると、建物の解体に係る助成金を受けられる地域であることが判明。解体見積りを取得してみると、助成金の範囲内で更地にできそうです。

お2人に早速そのことを伝えたところ、「助成金の範囲内で解体できるのなら、実家を解体してもいい」と昌子さん。昌子さんは、解体費用が手出しになることに負担を感じていたようです。

(2) 売却するタイミング

更地にしてから売却することで2人の合意は取れましたが、次は売却方法で意見が分かれてしまいました。吾郎さんは「できるだけ高く売りたい」と希望していますが、昌子さんは

「一刻も早く売りたい」と希望しています。

すぐに売却するとなると不動産業者に売却することになりますが、今回のケースでは、一般消費者に売るよりも売却価格が安くなることが想定されました。そこで具体的にどれくらい差が出るかを調べるために、不動産業者の買取見積りの取得と一般消費者への売却価格査定を行いました。すると、不動産業者に買い取ってもらうよりも一般消費者に売却した方が800万円ほど高くなる事が想定されました。

昌子さんは「800万円も差額があるとまでは考えていなかった」と、とても驚かれた様子でした。なぜ早期に売却したいのかをお聞きしてみると、「住み替えを検討していて、売却して得た資金を頭金にしたいから」というのが理由だそうです。

住み替え物件はこれから選定するとのことでしたので、落とし所として「3ヵ月間の販売期間で区切りをつけて、それまでに一般消費者に売却できない場合は、不動産業者への買取りを検討することではいかがでしょうか？」と提案しました。その後お2人の同意も得て売却手続きを進めることになりました。

販売活動は順調に進み、販売期間の3ヵ月もかからずに一般の方へ想定していた価格で売却することができました。

(3) 意見が分かれた時

不動産が共有になっていると、意見が分かれた時に身動きが取れなくなってしまいます。ここで大切なことは、他の共有者がなぜその主張をしているのか、その本当の理由を理解することです。理由が分かれば対策を立てられます。

私が専門家としてこれまで多くの案件を対応してきて思うのは、当事者の方が「どうしようもない」と思えるような状況でも、専門家から見ると解決策があるケースがあるということです。

今回も、昌子さんが解体せず売却を急ぐ理由が見えてきたため、落とし所や解決策を見出すことができました。当事者間ではなかなか打ち明けられない本心も、第3者が間に入ることで話しやすくなることもあります。

（4）解体に係る助成金や補助金の注意点

今回のケースでは、解体に係る助成金が受給できるので、その範囲で実家を壊して更地にすることができました。解体に係る助成金や補助金を受給するためには、管轄する自治体で定められた手続き通りに進めていく必要があります。

今回の手続きでは、**助成金等の申請を行い、申請が認められた後に、解体工事業者を選定して工事に着手。解体工事完了後、建物滅失登記を行った後で助成金の交付申請手続きを進めていきました。**この制度を利用して売却する場合は「助成金等の交付決定後でなければ販売活動ができない」などの制約が生じることもあるため、注意が必要です。

もう1つ重要なのが、**解体から助成金の交付までに時間を要する**ことです。解体完了後の申請手続きから助成金等の交付まで6ヵ月ほど要したこともあります。時間がかかっても困らないように、助成金が交付されるまで立て替えられるだけの現金を用意しておく必要があります。

3 特例を使った実家の売却

(1) 税理士への個別相談

不動産の売却の中でも、特に相続した物件を売却する際は、事前に税理士に個別相談することが大切です。空き家特例などの特例が使えるのにそれを考慮しなかったことで、売却後の手取りが大きく変わることがあるからです。

税理士との伝手がない方は、売却相談をする不動産会社の担当者に税理士を紹介してもらうのも1つの方法です。相談する際は、「固定資産税(土地・家屋)の課税明細書」や登記簿謄本を持参すると打合せが円滑に進みます。

不動産と税金は密接に関わっています。売却して利益が出たときには譲渡所得税という税金が課税されますし、相続の際には相続税が、贈与したら贈与税の対象になります。

このように、税金は課税されるものですが、不動産取引の内容によっては、一定要件を満たせば確定申告をすることで課税額が減少したり、免税になることもあります。例えばマイホームを売却するとき、一定の要件に当てはまる場合は、確定申告をすることで譲渡所得から3000万円の控除を受けられます。

なお控除制度は毎年同じ内容であるとは限りません。期限が定められていることもあります。後述する空き家特例が良い例ですが、税制改正によって控除を受けるための適用要件が変わることもあります。要件が変わっていることを知らないままだと、いざ控除を受けようとしたときに、要件に当てはまらずに控除を受けられなくなることがあります。本来ならば払わなくて良いはずの税金や費用を支払うことがないよう、売却手続きを進める前に、税理士に個別相談をするなど、不利益な手続きにならないように最適な道を確認することをおすすめします。

（2）空き家になった実家の売却

今回の相談者・昌浩さんは、司法書士からの紹介で相談に来られました。2年前に亡くなられた母親の恵美子さんが居住していた実家の売却についての相談でした。昌浩さんには妹の友梨さんがおり、実家を売却することについてはきょうだい間で合意がなされていました。

母親の恵美子さんが居住していた実家について、紹介者である司法書士の提携先税理士に確認を依頼し、空き家特例が適用できることを確認しました。そこで売却査定と合わせて解体見積りを取得し、紹介者の司法書士・税理士・私で訪問してお2人に説明を行いました。

令和5年12月31日までは、空き家特例を適用するためには、売主側で建物の耐震改修工事を行うか、建物を解体して更地にする必要がありました。実家の建物は老朽化しており、耐震補強の検討は現実的ではなかったため、建物の耐震改修工事を行う方法ではなく、更地として売却を進めることを提案しました。結果、査定額の範囲での売却手続きや翌年の譲渡所

実家を継ぐ人がいない

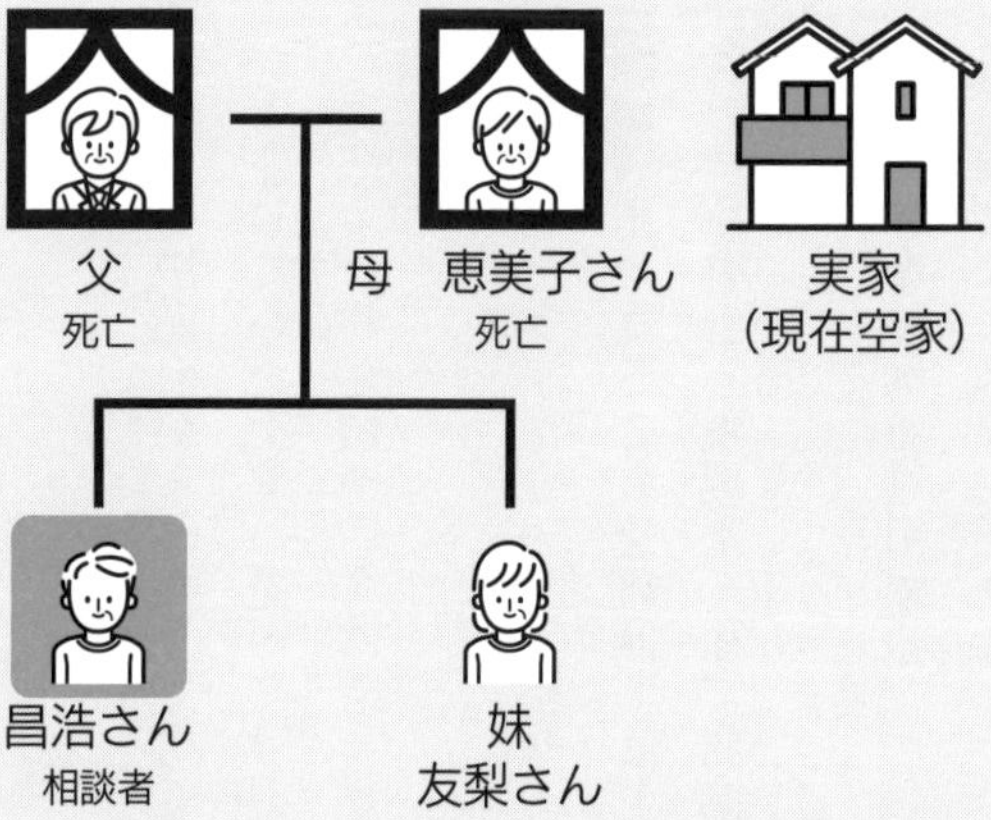

実家は恵美子さん名義のままで、
恵美子さんだけが居住していた

得税の申告を含め、換価分割手続きを無事に終えることができました。

(3) 空き家特例

実家を継ぐ人がいないなどの理由で戸建て住宅の売却相談を受けた場合は、空き家特例の適用要件を確認します。

空き家特例とは相続の開始の直前において、被相続人のみが居住し、昭和56年5月31日以前に建築された戸建て住宅を、相続の開始があった日から3年を経過する日の属する年の12月31日までに、1億円以下で売却した場合は、譲渡所得の金額から3000万円まで控除できる特例のことです。

今回の事例の中で使用した「空き家の譲渡所得の3千万円特別控除」は、正式には「被相続人の居住用財産(空き家)に係る譲渡所得の特別控除」と言います(以下「空き家特例」)。

空き家は相続を機に発生するものが多く、空き家特例に係る特別控除は、空き家の早期有効活用にも寄与しています。

空き家特例は、平成28年度の税制改正で創設されました。当初は令和元年12月31日までとされていましたが、延長され、令和5年度の税制改正によって令和9年12月31日まで延長予定です。

令和6年1月1日以後は、売買契約等に基づき、買主が譲渡の日の属する年の翌年2月15日までに耐震改修や解体工事を行った場合は、工事の実施が売却後であっても適用対象となることになりました。これで、売主が売却前の耐震改修工事や解体工事などの先行負担をする必要がなくなり、流通上の支障が1つなくなりました。

【制度の概要】

相続や遺贈により取得した、被相続人の居住用家屋や被相続人の居住用家屋の利用目的としていた敷地を一定期間中に売却。一定の要件に該当するときは、確定申告をすることにより、譲渡所得の金額から、最高3000万円まで控除することができます。

【対象要件】

被相続人居住用家屋

相続開始の直前において、被相続人の居住の用に供されていた家屋で、以下の3つの要件全てに当てはまるもの。

①昭和56年5月31日以前に建築されたこと（新耐震基準の建築物）。
②区分所有建物登記がされている建物ではないこと（例えば、マンションは除外）。
③相続開始の直前において、被相続人以外に居住をしていた人がいなかったこと。

なお、要介護認定等を受けて老人ホーム等に入所していた場合についても、被相続人居住用家屋に該当することがあります。

【適用要件】

①売却した人が、相続や遺贈により被相続人の居住用家屋や被相続人の居住用家屋の利用目的としていた敷地を取得したこと。
②以下どちらかの要件を満たし、売却したこと。

・相続や遺贈により取得した、被相続人の居住用家屋を売るか、被相続人居住用家屋と共に、一定の耐震基準を満たした被相続人の居住用家屋の利用目的としていた敷地を売却すること。
・相続や遺贈により取得した、被相続人の居住用家屋を取り壊した後に、被相続人の居住用家屋の利用目的としていた敷地を売却すること。
③相続の開始があった日から、3年を経過する日の属する年の12月31日までに売却すること。
④売却代金が1億円以下であること。
⑤売却した家屋や敷地等について、相続財産を譲渡した場合の取得費の特例や収用等の場合の特別控除など他の特例の適用を受けていないこと。
⑥同一の被相続人から相続や遺贈により、取得した被相続人の居住用家屋や被相続人の居住用家屋の利用目的としていた敷地について、この特例の適用を受けていないこと。
⑦親子や夫婦、同族法人など、特別の関係がある人に対して売却していないこと。

出典：国税庁「被相続人の居住用財産（空き家）を売ったときの特例」を加工して作成
https://www.nta.go.jp/taxes/shiraberu/taxanswer/joto/3306.htm

4　不動産と預貯金の分け方

不動産の相続手続きを進めている方から、「遺産分割協議はやり直しができますか？」と聞かれることがあります。遺産分割に時効はなく、相続人全員が合意すれば遺産分割協議を再度行うことが可能です。ただし手間を要します。

金銭と違って分けて利用することが難しいのが不動産です。遺産分割協議のやり直しとなると、協議をする手間がかかるだけではありません。相続登記を終えていた場合は登録免許税などの登記のやり直し費用が発生する他、不動産取得税や贈与税などの税流出が生じることもあります。今回は、相続財産評価と不動産の時価に関わる遺産分割協議中の事例を紹介します。

国税庁が令和４年12月に公表した「令和３年分 相続税の申告事績の概要」によると、相続財産の中で土地と家屋が占める割合は約４割です。

相続財産の金額の構成比の推移

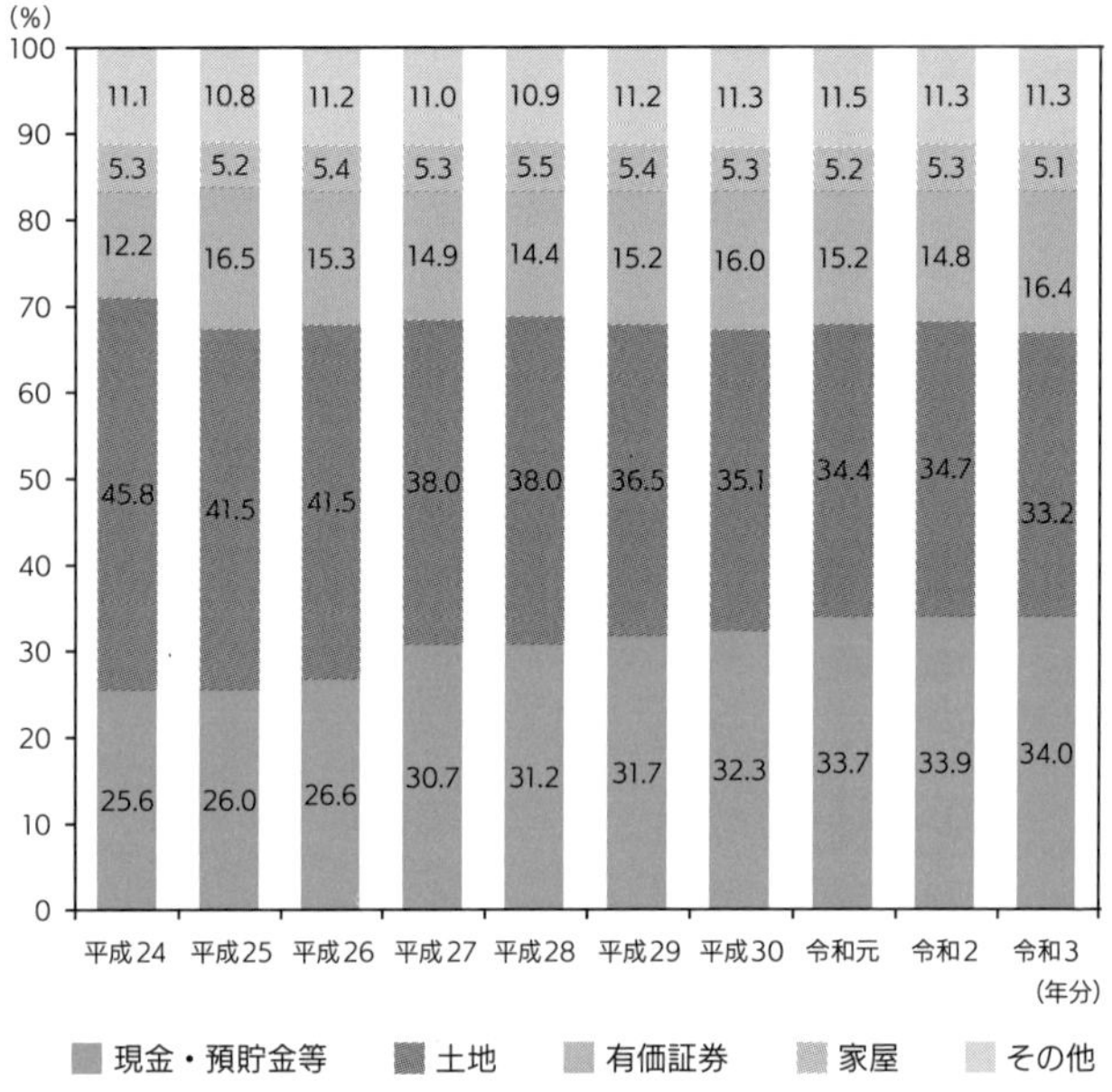

(注) 上記の計数は、相続税額のある申告書（修正申告書を除く）データに基づき制作している。

出典：国税庁「令和３年分 相続税の申告事績の概要」
https://www.nta.go.jp/information/release/kokuzeicho/2022/sozoku_shinkoku/pdf/sozoku_shinkoku.pdf

（1）仲良く平等に分けたい

税理士から「遺産分割協議後、実家の売却を検討している方が打合せに来るので同席して欲しい」と依頼を受け、達夫さん、清美さん、庸平さんの3人のきょうだいとお会いしました。

3人が亡くなった父の治さんから相続する財産は、預金と実家です。治さんは遺言を残していませんでした。達夫さんが実家を、清美さんと庸平さんが現金を半分ずつ相続することで話が進んでいきました。また、3人は、「平等に相続手続きを進めたい」という意向でした。しかし、相続財産評価と時価が乖離して達夫さんが実家を売却した際の手取りが清美さんと庸平さんが相続する金額を大幅に上回った場合、不公平感が出てしまうことが懸念されました。

遺産分割協議

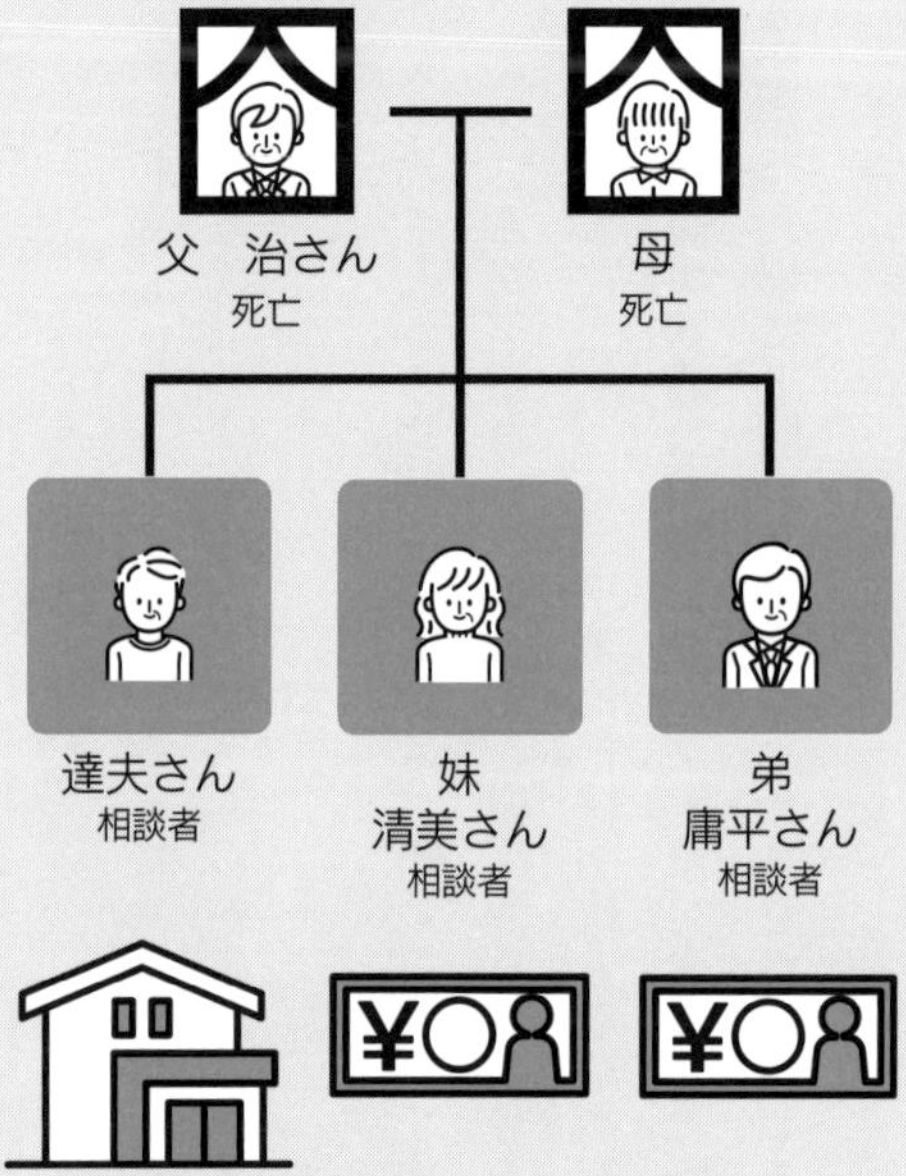

相続財産である不動産と現預金のうち
達夫さんが家屋を、清美さんと庸平さんが現預金を相続予定

(2) 不動産の時価

国税庁の公表によると、相続税評価額と不動産の市場価格の乖離率は、**戸建て住宅は平均1・66倍、マンションでは2・34倍**となっていて、相続税評価額よりも高値で取引されています。不動産の過去の成約事例を確認すると、やはり相続税評価額を上回る金額での売却が想定されました。

そこで、税理士と共に、お2人の意向を反映して遺産分割を進めることを提案。不動産を売却して仲介手数料、譲渡所得税、印紙税等の費用を控除した後の手取りと現金を合わせた金額を、法定相続分の3分の1ずつ分配する換価分割にて、相続手続きを進めました。

また、売却手続きを煩雑にしないため、遺産分割協議書には、達夫さんが実家を取得し、売却後の手取りを、平等に分配する旨を記載。売却手続きも順調に進み、想定された価格(相続税評価額×1・8倍)にて売却。翌年の譲渡所得税の確定申告などの手続きも無事に終わり、換価分割手続きを進めることができました。

相続税評価額と市場価格の乖離の実態

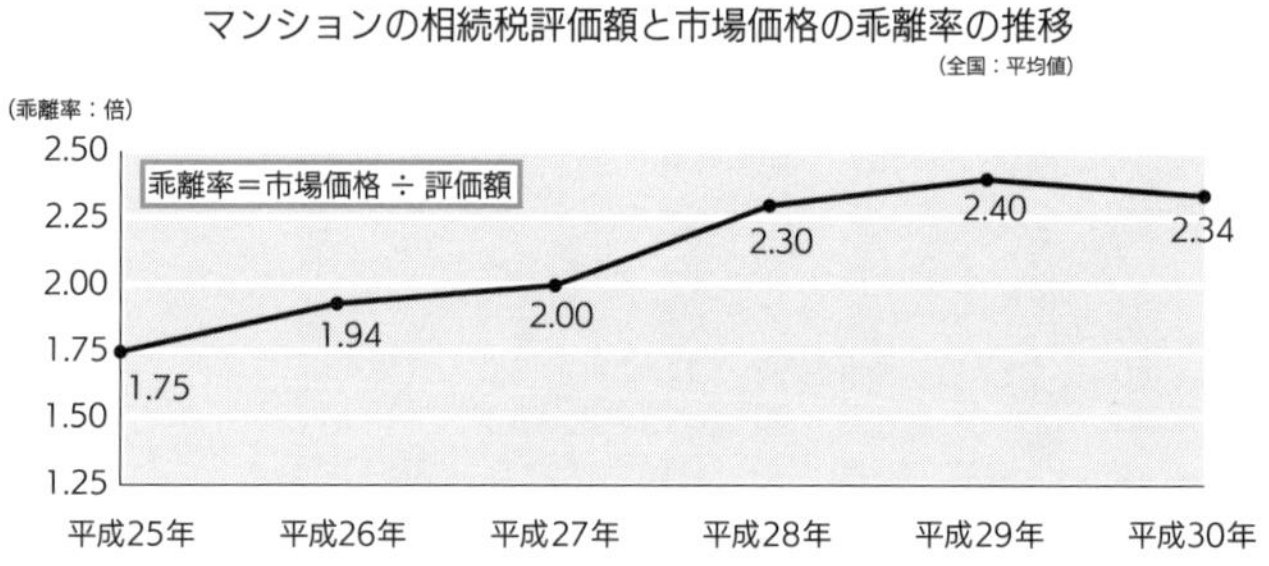

国税庁『マンション相続税評価額と市場価格の乖離率の推移』

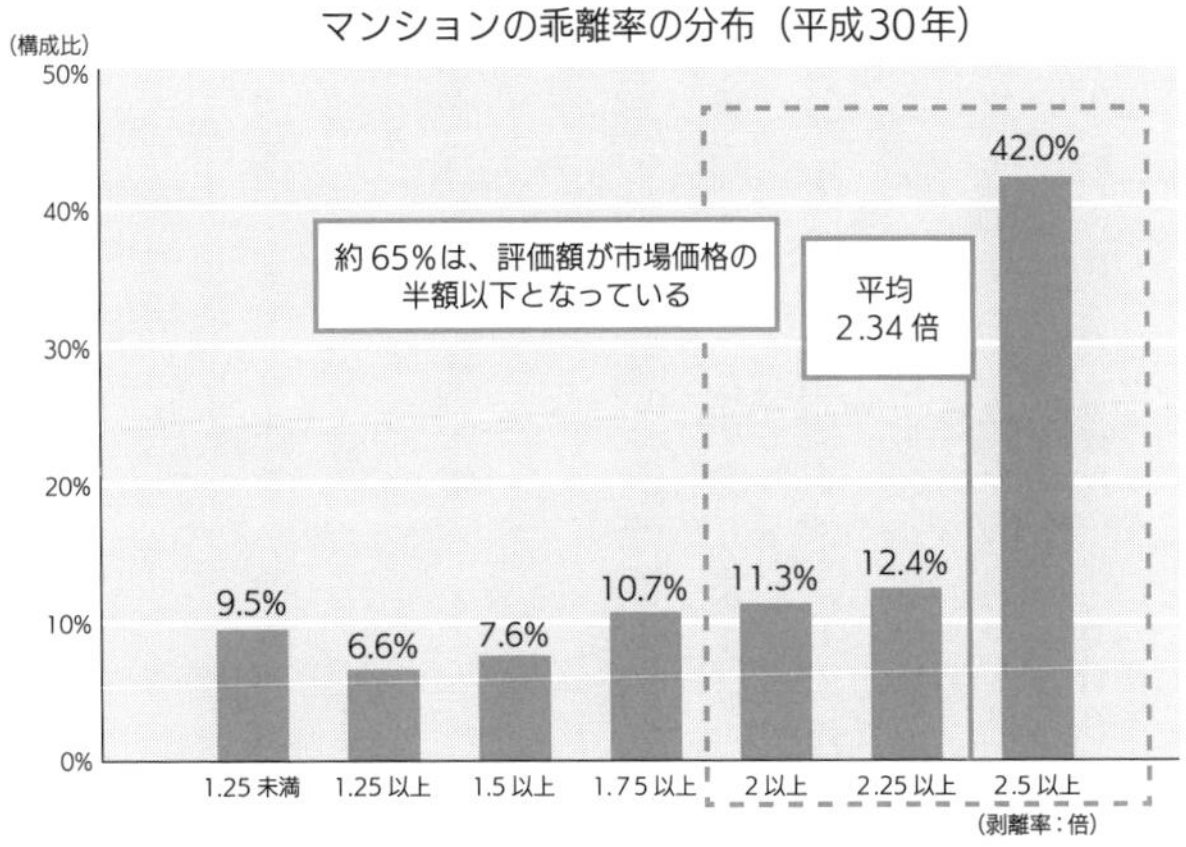

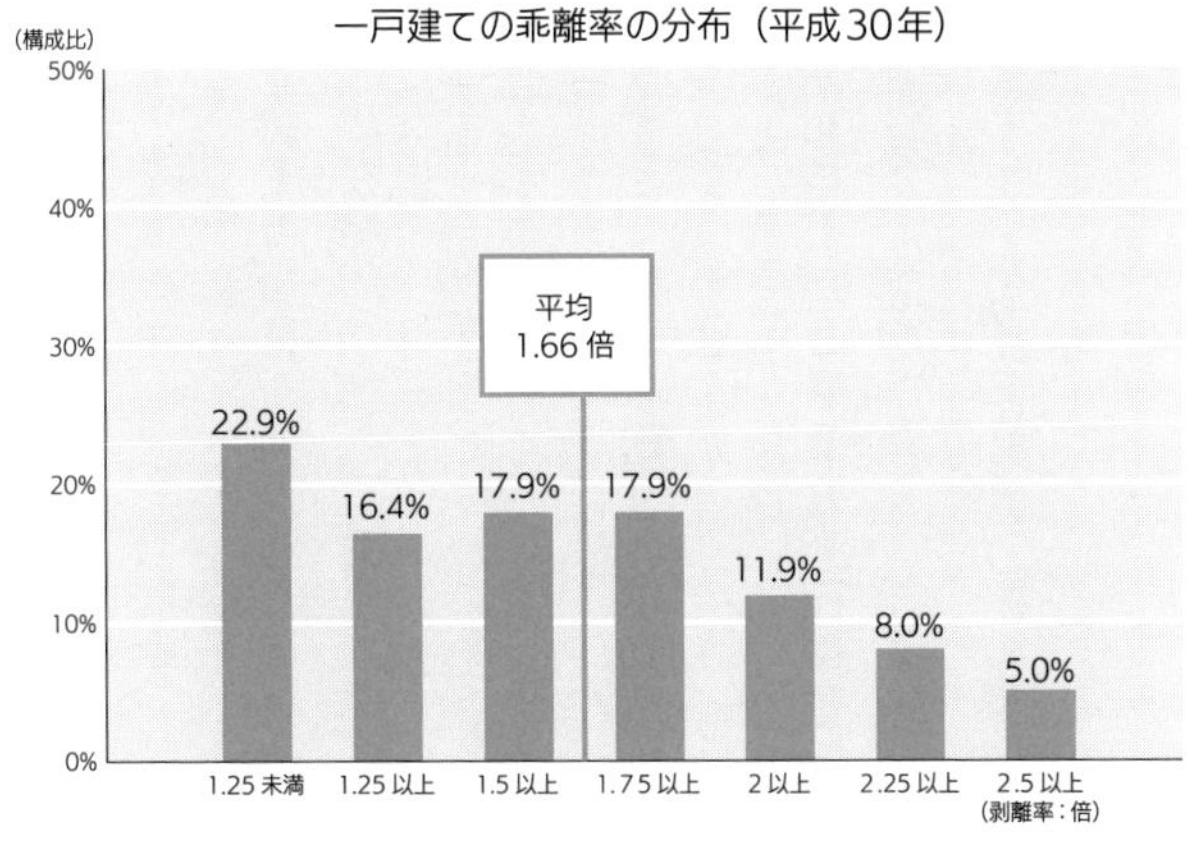

国税庁『マンションの相続税評価額と市場価格の乖離率の推移』
(https://www.nta.go.jp/about/council/idenshi/20230622/shiryo.pdf）を加工して作成

（3）遺産分割の前に不動産の売却時価を把握する

遺産分割協議がまとまって不動産の相続登記を終えた後に、何かしらの事情で遺産分割協議をやり直すことになった場合、手続きが煩雑になるだけでなく、税金の支払いが生じることもあるので注意が必要です。

現金は実際の額と相続税評価額が同額になりますが、前述の通り、不動産は時価と相続税評価額とが乖離することがあります。

仮に兄と妹の2人の相続人がおり、実家を兄が相続し、3000万円の預貯金を妹が相続することで合意したとしましょう。その後、兄が実家を6000万円（相続税評価額×2倍）で売却。譲渡所得税や仲介手数料などの費用を差し引いて4500万円の手取りとなったとすると、兄と妹の現金の差は、1500万円です。

妹が遺産分割協議時に「実家を相続しても管理はできない」「仮に売却しても、相続税評価額程度にしかならない」と考えて現金を相続していた場合、「1500万円も差が出るなら、同意しなかった」と思われる可能性もあります。

相続した後で実家を売却することが想定される場合など、後日のトラブルを避けるためにも、**遺産分割協議時点で売却時価を把握しておくことも大切**です。

コラム／遺産分割協議を相続人だけではできない？

夫が亡くなり、妻と未成年の子が相続人になった時、遺産分割協議は妻（子どもから見ると母親で親権者）と未成年の子で行います。未成年者とその法定代理人である母親の間で利害関係が衝突する行為を「利益相反行為」と言います。利益相反行為をする際には、子のために特別代理人を選任しなければなりません。特別代理人の選任については、家庭裁判所に請求して手続きを進めることになります。

親が子どもを代理して遺産分割協議を進めた結果、遺産分割の内容にかかわらず法定相続分を考慮しない遺産分割になる可能性があります。そのため、特別代理人は、法定相続分を確保する遺産分割協議を成立させる必要があります。

このように話をすると、「じゃあ特別代理人には誰がなるの？」と聞かれることがあります。特別代理人の資格（弁護士・司法書士など）は定められておりませんが、未成年者（被後見人の場合もあり）の法律上の利益を保護するための手続きを適切に行えることが必要となり、未成年者（被後見人）との関係や利害関係の有無などを考慮して、家庭裁判所により適格性が判断されています。

5　土地を分割して相続する場合

今回の相談者は徹さんと妹の優子さんです。15年前に亡くなった父親の彬さんは、土地の東側に家を建てて家族と共に暮らしていました。敷地の西側には彬さんの両親（徹さんの祖父母）が住んでいた家が空き家のまま残っています。

お2人はそれぞれ仕事を抱えていて忙しかったこと、関係性が良好だったことから、実家の相続手続きをしないまま時間が過ぎていました。

あるとき、徹さんが子どもから「誰かが認知症になると困るから、今のうちに相続手続きをしておいて欲しい」と相談されました。それもそうかと思った徹さんは司法書士事務所へ相談。相続手続き後に建物の建て替えや売却も検討しているとのことで、司法書士から私に面談への同席を依頼されました。

（１）法定相続分での遺産分割で良いのか

遺産分割方法について意向を確認すると、敷地の東側を徹さんが相続、敷地の西側を優子さんが相続したいとのこと。相続手続き後、徹さんは、高齢の義母と同居するために、住みよい住宅への建て替えを行い、優子さんは相続した西側の土地を売却したいとのことでした。

「話がまとまっているうちに、遺産分割協議書を作成して相続登記をして欲しい」と司法書士に依頼がありましたが、敷地上の２棟の建物に関する建築図面（確認申請副本）を紛失していること、土地全体の測量図はあるものの境界確定測量をしたか判別しないということも耳にしたため、建て替えや売却において支障になることがないか、物件調査をした上で進めたほうが良いと伝えました。

後日、物件調査をした結果、徹さんが居住する建物の建築確認申請敷地が、遺産分割予定線を越えていることが判明しました。

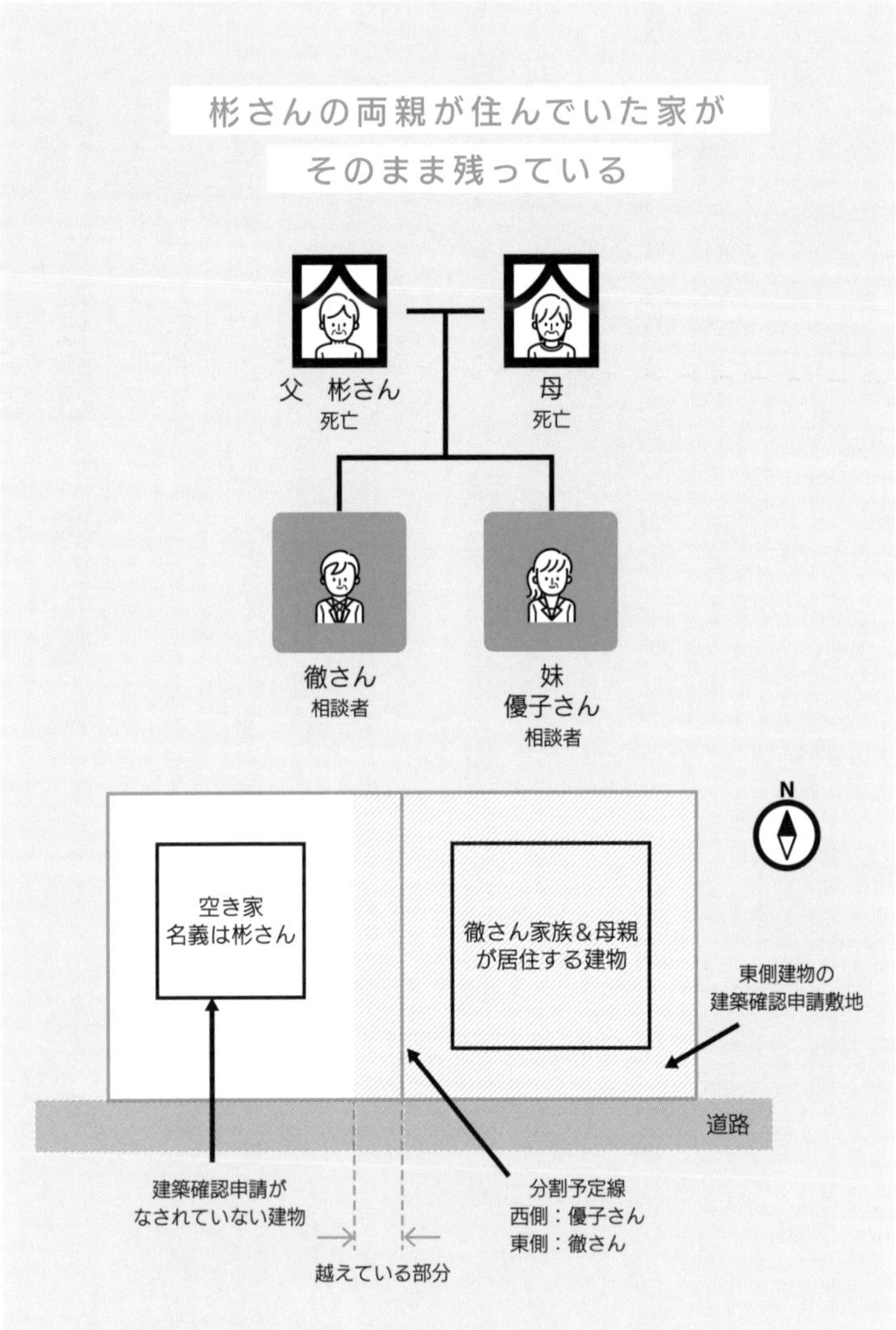
彬さんの両親が住んでいた家が
そのまま残っている
父　彬さん
死亡
母
死亡
徹さん
相談者
妹
優子さん
相談者
N
空き家
名義は彬さん
徹さん家族＆母親
が居住する建物
東側建物の
建築確認申請敷地
道路
建築確認申請が
なされていない建物
分割予定線
西側：優子さん
東側：徹さん
越えている部分

（２）遺産分割内容の再検討

後日、調査報告書をまとめてお２人と面談。西側の敷地の一部が東側の建物の建築確認申請敷地となっているうえに、優子さんが予定する土地の境界確定がなされていないため、売却に支障が出る可能性があることを伝えました。このままでは、西側区画を購入した方が建築確認申請をする際に、東側建物の建築確認申請敷地の範囲は除外することが前提になるためです。

優子さんが売却することを考えると、土地の所有権を移転するには、お２人が相続した土地を筆分けする必要があります。土地は一筆になっているため、西側・東側区画への分筆登記が必要です。分筆とは、登記簿上の１つの土地を複数の土地に分けて登記を行う手続きのことです。分筆登記を行うためには、土地の境界確定測量を行い、隣接地・道路所有者との境界を確定した、境界確認書を締結。さらに、新たに筆分けする土地の面積を求めた地積測量図を作成した上で法務局に分筆登記を申請することになります。万が一、隣接地所有者との境界確定が不調に終わった場合は、分筆登記自体が困難になります。

優子さんから「売却は2〜3年内にできれば良いので何かいい手はありませんか？」と聞かれたため、以下の順番で進めることを提案しました。

①境界確定測量を実施
②東・西区画の更地売却予定額を確認
③徹さんの建築計画を検討
④西側区画で、徹さん家族が望む建て替えが可能となれば、東西の計画を逆にして遺産分割協議書の締結と相続登記および分筆登記を行う
⑤徹さんの建て替え完了後、東側区画の売却手続きを進める

このケースでは、無理のない手順で進めていくことが良いと思いました。南側が道路、周辺が主に2階建ての住宅街であったため、東・西どちらの区画で徹さん家族が建て替えをしても、日照等にさほど影響はありません。

また、②の時点で、優子さんの売却想定額を抑えて進めることができます。懸念点がある

とすれば、時間がかかる計画となるため、売却額が変動する可能性があることでした。これも含めて説明したところ、徹さん、優子さんともにこの計画に賛同いただいたため、手続きを進めていきました。

足掛け2年かかりましたが、徹さん家族の希望する家を建て替えることができ、優子さんも想定していた価格で売却することができました。

(3) 司法書士事務所との連携

後日、徹さんを紹介してくれた司法書士から、「建築確認申請敷地の調査までは司法書士事務所としては行えないため、徹さんと優子さんの利益に即した手続きを進めてもらえたことにとても感謝しています」と喜びの声をいただきました。

このケースのように、**売却予定地が他の建物の建築確認申請敷地になっている場合には、購入者が新しく建物を建築する際に支障が出る**ことがあります。1つの敷地に二重で建築確認申請がなされると、建築工事から指摘を受けるためです。

市区町村により保存期間は異なりますが、建築計画概要書などの書類を確認することで、より良い遺産分割になることもあるのです。

コラム／敷地面積の制限に気をつけましょう

建築基準法において、「建築物の敷地面積は、用途地域に関する都市計画において、建築物の敷地面積の最低限度が定められたときは、当該最低限度以上でなければならない（建築基準法第53条2項、抜粋）」と定められています。また、行政区によっては、建築物が建てられる敷地面積の下限が決められていることもあります。

例えば、敷地面積の最低限度が１００㎡（約30坪）と定められている場合は、４９５㎡（約１５０坪）の土地を１００㎡毎に分割してしまうと、95㎡の区画で建築することができなくなってしまいます。

すでに建っている建築物を建て替えするのであれば敷地面積が下限以下になっていても建築許可は得られますが、新たに分割した土地の場合は新たに建築することはできません。

コラム／不動産の売却は、買う人のことを考えて

土地の一部を売却する際に難しいのは、どこで線を引くかです。今回のケースのように土地が宅地２区画以上に相当する土地の場合、土地を全て売却することもできますが、分割して売却することもできます。

この時大切なのが、何となく分割する土地を決めるのではなく、分割した後に立地に適した建築プランが入るのかを検証することです。例えば土地が住宅街にある場合、その地域では、何ＬＤＫの間取りだと売れやすいのか、駐車場スペースを何台分確保する必要があるかなどを考慮して、分割ラインを決めていきます。例えば４ＬＤＫの間取りを確保できないと売れにくい地域の場合は、１区画の土地を広く取らなければなりません。

建築会社と連携できている不動産会社であれば、参考プランの検証も行っています。利用しにくい土地が残ることがないように検討することをお勧めします。

第3章

マンションの問題

1　親子で共有しているマンション

今回の相談者は、80歳の博子さん。博子さんには息子の洋治さんと、娘の陽子さんがいます。自身の年齢的にも、そろそろ子どもたちへの相続について考えておかなければならないと思った博子さんは、地元で定期的に相続相談会を開いている、税理士のところに相談に行きました。

相談会では「どのように遺言書を書いておけばいいか」とお話しされていたようですが、税理士が話を聞いていくと、博子さんはファミリータイプの区分マンションを3部屋所有し、賃貸しているマンションは売却した方がいいか悩んでいるとのことでした。そこで、税理士から面談に同席して欲しいと依頼がありました。

後日、税理士同席のもと、面談を行いました。その日は博子さんと一緒に娘の陽子さんも同席し、4人で話を進めました。面談は、博子さん宛に届いている固定資産税の課税明細を確認しながら進めました。

博子さんが所有しているマンションのうち、博子さんが居住している物件と賃貸に出している物件は博子さん名義でした。陽子さん家族が住んでいるマンションは、名義が2人の共有で、登記情報提供サービスで登記記録を確認すると、博子さんが10分の1、娘の陽子さんが10分の9を所有していることが分かりました。

博子さんが保有する現預金や株式などを確認し、税理士が相続税額を試算したところ、相続税の納税が必要なものの、支払いは現金で賄えそうです。

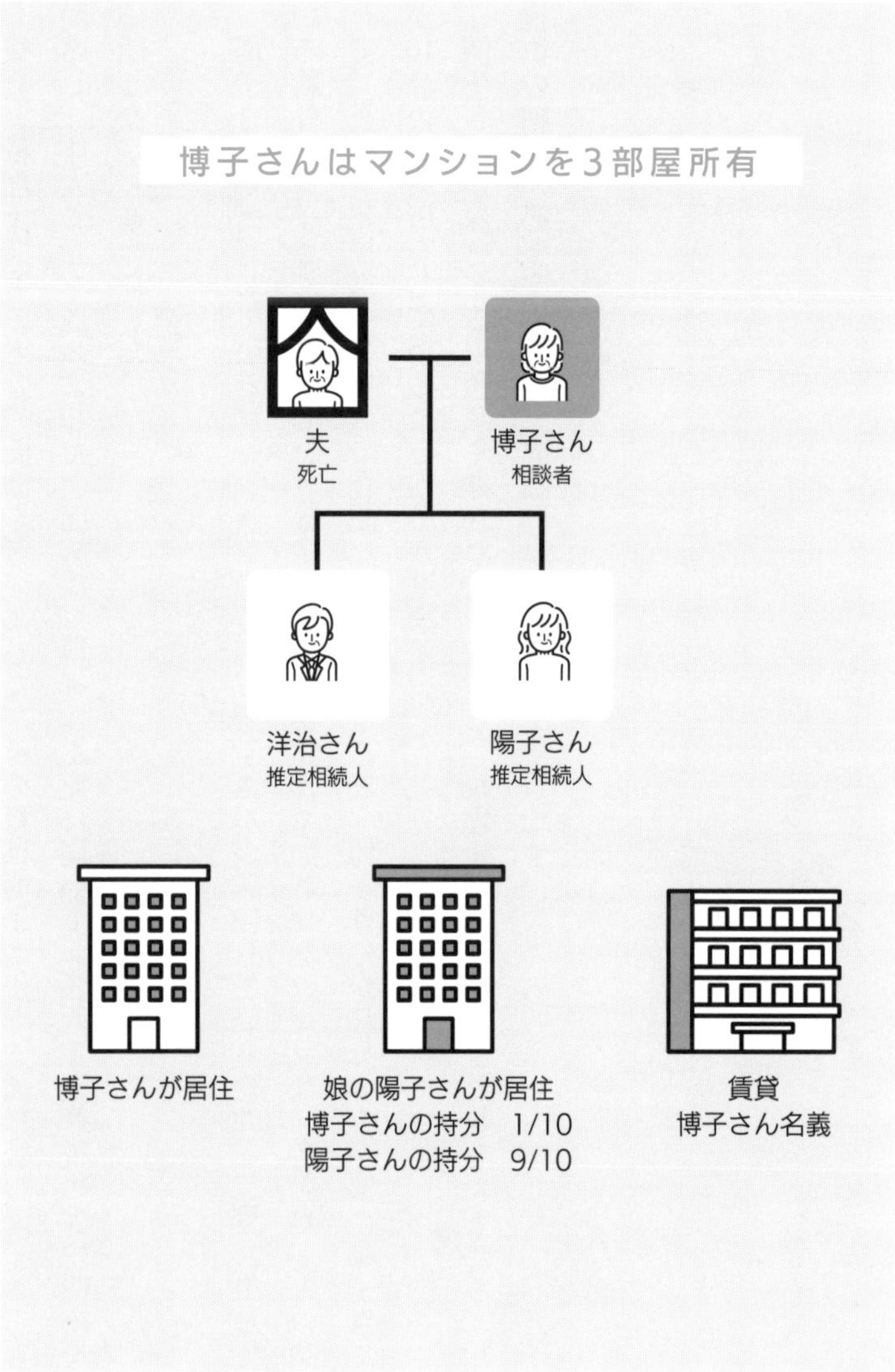
博子さんはマンションを3部屋所有
夫
死亡
博子さん
相談者
洋治さん
推定相続人
陽子さん
推定相続人
博子さんが居住
娘の陽子さんが居住
博子さんの持分　1/10
陽子さんの持分　9/10
賃貸
博子さん名義

（1）生前贈与の検討

「陽子さん一家が住んでいるマンションも、今のままだと遺産分割協議の対象になるんですね」というと、陽子さんが「そうなんです。実は兄との仲が良いとは言えず、心配していたため、同席させていただきました」とのこと。博子さんも悲しそうに隣でうなずいていました。

ただでさえ、デリケートな問題となり得る遺産分割協議。親の目があるうちはまだしも、相続人がきょうだいのみとなり、その仲が良くない場合、スムーズに協議が進まなくなることは想像に難くありません。

博子さんは、「遺言書で陽子さんに相続させると書いておけばいいのではないか」と考えていたようですが、陽子さんとしては、住んでいるマンションのことで今後もやきもきすることがないようにしたいとのこと。

そこで、陽子さん一家が居住しているマンションについては、博子さんから陽子さんに持分贈与をしてはどうかと提案しました。その場で税理士に確認したところ、数十万円の贈与税の納税が必要なものの、現時点でマンションは陽子さんの名義となるため、遺産分割協議の対象から外れることになります。

この提案に対して、博子さんより「すぐに進めてください」と言われ、陽子さんは驚いてしまいました。「今まで嫌だって言ってたのに、一体どうしたの?」と博子さんに尋ねられました。話をお聞きしていくと、持分贈与のことは、娘の陽子さんから母親へ相談し断られたそうです。マンションは8年前に7000万円で購入したそうですが、博子さんは700万円分の自分の持分を贈与すると、何百万円もの贈与税がかかると思い込み、娘に負担させるわけにはいかないので贈与に反対していたとのことでした。

こうして話をすることで、陽子さんの長年の心配が解消する方向に向かいました。陽子さんは、今まで何だったんだと拍子抜けしてしまいました。

（2）オーナーチェンジと空き家での売却とでは、どちらが有利？

次は博子さんが売却するかどうか悩んでいた、賃貸に出している区分マンションの相談です。

家賃収入を得るために所有している物件を売却するときには、賃借人がついているまま売却するオーナーチェンジの方がいいのか、空き家で売却した方がいいのかを迷われる方は多いようです。博子さんも同様で、「どちらの方がより高く売れるでしょうか？」と相談されました。**オーナーチェンジの場合、買い手になるのは博子さんと同じく「賃貸に出して家賃収入を得たい」と考えている人です。一方、空き家のマンションを購入する買い手の多くはリフォームなどをして自分で住むことを検討します。**ケースバイケースではあるものの、自分で住もうと考えている人に売却する方が高く売れる傾向にあります。

博子さんが所有しているマンションは築30年ほど経過していますが、駅から徒歩5分圏内と利便性が高く、売却でも賃貸でも、どちらでも需要が見込むことができました。そこで、入居している方が退去して空き家になってから改めて検討することになりました。

コラム／不動産価格指数を知っておきましょう

不動産価格指数では、年間約30万件の不動産の取引価格情報をもとに、全国・ブロック別・都市圏別に不動産価格の動向が数値化されています。

不動産コンサルティング業務を進める際、数値化された「一次資料」を把握しておくことが大切ですが、その際に1つの指標となるのが、国土交通省が毎月公表している「不動産価格指数」です。

価格の動向は、平成22年と対比で示され、令和5年9月と平成22年を比べてみると、東京都の区分マンションの価格は平均して約187％上昇しています。これから不動産を購入しようと考えているのなら、こうした指数を意識しつつ、購入時期を判断するのも1つの方法です。

不動産価格指数

不動産価格指数（住宅）（令和５年６月分・季節調整値）(2010年平均=100)

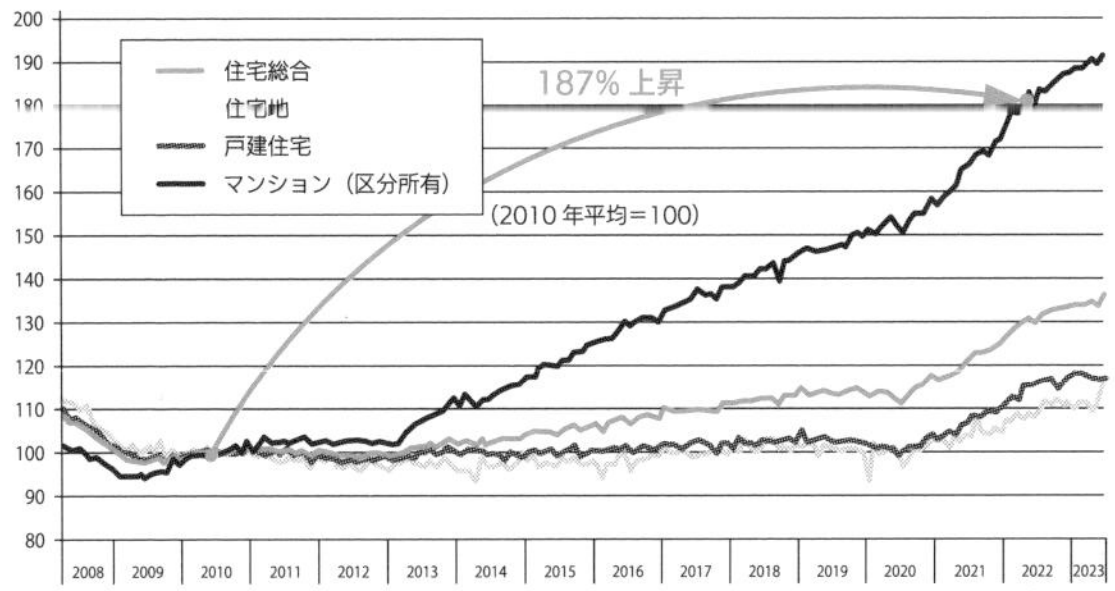

	住宅総合		住宅地		戸建住宅		マンション（区分所有）	
	不動産価格指数（住宅）	対前月比（%）	不動産価格指数（住宅）	対前月比（%）	不動産価格指数（住宅）	対前月比（%）	不動産価格指数（住宅）	対前月比（%）
全国	136.1	1.7	115.6	4.0	116.9	0.1	191.4	1.0
ブロック別								
北海道地方	158.4	2.1	125.7	▲1.3	141.6	▲1.5	270.4	10.1
東北地方	133.7	1.4	125.0	3.1	120.5	1.8	234.0	▲4.0
関東地方	141.5	1.6	117.9	4.2	119.1	▲0.7	184.9	0.8
北陸地方	118.6	▲2.7	114.7	4.2	117.7	(▲3.3)	177.2	(▲3.7)
中部地方	113.8	1.6	97.1	2.6	107.6	0.5	191.0	4.7
近畿地方	137.6	1.8	115.7	2.8	116.2	1.3	197.4	0.8
中国地方	122.0	2.1	107.3	8.2	114.6	3.6	202.2	▲9.0
四国地方	116.3	5.6	112.2	9.1	101.9	1.0	227.5	19.4
九州・沖縄地方	133.8	1.4	123.2	10.1	105.8	▲7.2	232.4	3.2
都市圏別								
南関東圏	146.0	1.9	125.8	5.0	122.0	▲2.0	184.3	0.2
名古屋圏	120.7	1.9	105.1	1.4	113.1	1.2	183.5	1.1
京阪神圏	141.5	1.4	123.2	1.4	117.1	0.4	195.9	1.0
都道府県別								
東京都	156.0	1.8	129.4	2.7	131.6	▲0.4	187.4	0.2
愛知県	127.3	3.5	114.4	4.5	113.2	0.9	191.4	2.1
大阪府	141.5	1.3	131.9	2.0	108.9	0.8	192.2	▲2.1

国土交通省 『不動産価格指数（令和５年６月・令和５年第２四半期分』(https://www.mlit.go.jp/report/press/content/001632724.pdf)
を加工して作成

2　旧耐震基準の区分マンションの売却方法

今回の相談者・雄治さんは、昭和54年に建てられた2ＬＤＫのマンションを所有しています。当初雄治さんの両親がお住まいになっていましたが、他界ののち、息子の雄治さんがマンションを相続しました。雄治さんは自宅をすでに所有していたため、マンションは賃貸にしていました。この度、マンションの賃借人が退去したことを契機にマンションを売却することにしました。マンションの相続手続きを依頼した司法書士に相談され、私のところに司法書士から連絡がありました。

(1) 旧耐震基準のマンションの売却

マンションの購入を検討する方の中には、旧耐震基準の物件を除外している方もいます。**住宅ローンを利用しようとしても、金融機関の融資姿勢が厳しい**というのが大きな理由です。また、耐震性に不安がある物件を購入したくないと考えている方もいます。

昭和25年に制定された建築基準法。以後、地震などの災害をきっかけに、建築基準法の施行令が改正されてきました。昭和56年5月31日までの耐震基準で設計された建築物が旧耐震基準、それ以後の耐震基準で設計された建築物が新耐震基準とされています。旧耐震基準では震度5、新耐震基準では震度7の地震でも、全壊しないものとして設計されています。

（2）相談者の状況によって最適解は異なる

雄治さんからは、まずはマンションの売却査定の依頼を受けました。そこで物件調査を行い、以下の3パターンの売却方法と査定額を報告書にまとめて提出しました。

①リフォーム（リノベーション）をして一般消費者に売却
②ルームクリーニングをして一般消費者に売却
③現況のまま不動産業者に売却

この3つの選択肢のうち、①はリフォーム費用の先行投資が必要となります。都心部の高級マンションなどは、購入希望者が物件を見にくる時点で、先にリフォームを施して住める状態にしておいた方が売却しやすくなることもあります。

今回のケースでは、先行投資をしても「売却までに時間がかかる」「購入希望者が現れても融資が利用できない」という不安が雄治さんにはあり、①は除外しました。

雄治さんの物件は駅からも近く、何より、子育て世代に人気の小学校の学区内にあり、②を選択すると想定していました。

ちなみに、早く売却できる方法は③です。不動産業者は購入後、リフォームやリノベーションを施して売却することになります。しかしそうすると、売主はリフォームにかかるコストや時間を圧縮して売却できますが、売却額は②に劣ることが想定されます。

雄治さんに売却査定報告書を説明すると「不動産業者に早期に売却してください」とすぐに回答がありました。人気の小学校は雄治さんの母校でもあったため、一般消費者に売却することができることは理解されていましたが、とにかく時間を優先したいとのことでした。

雄治さんが、最初に司法書士に相談した時は「古い物件なので1年程度で売却できればありがたいです」とおっしゃっていたようです。そのときに比べると売却をかなり急いでいるように見受けられたため、司法書士の前では話せなかった金銭的な理由があるのか、売却に際して支障があるようなことを思い出されたのかなどを確認しましたが、特段の理由はないとのことでした。両親や賃借人を含めて、室内でお亡くなりになった方もおらず、事故物件や何らかの瑕疵がある様子もありませんでした。

その後、入札形式にて不動産業者に売却活動を行ったところ、査定額よりも高値で購入する不動産業者を見つけることができました。

（3）理由は人それぞれ

入札結果の報告の際、雄治さんはなぜ早く売りたかったのかを話してくれました。早期に売却を依頼した理由は、この物件が自主管理物件で煩わしい思いをしていたためでした。

自主管理物件とは、マンションの共有部分や敷地の維持管理を、外部に委託せずに管理組合自らが行う管理形態のことです。管理員の雇用や植栽の手入れ、エレベーターの保守点検などを、自らで専門業者に依頼します。雄治さんの両親がマンションに住んでいた頃は、両親が管理組合の理事をしていたこともあり、相続してからもことあるごとに「理事にならないか」と打診され、嫌気が差していたようです。

それでも金銭に関わることですので、一般消費者への販売活動はしなくて良いかを再度確認した上で、売却手続きを進めていきました。相談者の利益がどこにあるのかは、よくよく聞いてみないと分からないものです。

コラム／不動産業者への入札売却

お客様の中には、不動産業者に売却すると、安くなるという印象を持たれている方がいますが、売却する不動産によっては、不動産業者の方が良い物件で購入していただけることもあります。

今回のケースのような、旧耐震基準のマンションでは、なかなか購入希望者が見つからない、購入希望者が見つかっても融資審査が通らないなど、売却に時間を要することもあります。早く売却を行うことが相談者の利益になることもあります。

私が不動産業者への売却手続きを進める際は、入札形式を採用しています。住宅・アパート用地区分マンションなど、売却物件の特性を得意分野としている不動産業者に物件情報を提供。一番良い条件を提示した不動産業者と売却手続きを進めています。

3　ペアローンを活用したマンション購入の注意点

東京都の場合、国土交通省の公表値（不動産価格指数）によると、平成22年対比でマンション価格は約1・8倍（令和5年9月末時点）となっています。その要因の1つが、共働き世帯が増加して、夫婦でペアローンを組めるようになったことです。

ペアローンでは夫婦の収入を合算して審査を行うため、単身よりも大きな金額の融資を受けることができます。それにより、高価格帯の物件を購入できる層が増えています。ただ、住宅ローンはあくまで借り入れです。**「返済ができなくなるリスク」**は想定しておかなければなりません。

（1）離婚にかかる財産分与

今回の相談者は、真一郎さん。妻の美帆さんと小学生の娘さん2人の4人家族です。相談された物件は、12年前に5000万円で購入したタワーマンションの28階の1室。

真一郎さんと美帆さんは当時若かったこともあり、頭金もほとんどなく、どちらか単身では5000万円の住宅ローンを組むのが難しい状況でした。そこで35年のペアローンを組むことにして、10分の7を真一郎さん、10分の3を美帆さんの共有名義として購入されました。

ところが、夫婦仲が悪化の一途を辿り、真一郎さんが離婚について弁護士に相談に行く事になりました。相談先でマンションの処分をどうすべきかという相談が出たことから、弁護士から面談同席の依頼がありました。

真一郎さんに話を伺ってみると、住宅ローンの残債は約3500万円。住宅ローンを完済できる現金はありません。マンションの売却事例を確認すると、約7000万円ほどでの売却は見込めました。購入時よりも値上がりしていることは真一郎さんも理解されていて、「マンションを売却して財産分与したい」とのこと。一方、美帆さんは、「子どもたちと一緒にこのマンションに住み続けたい」とのこと。小学校の学区を変えたくないという思いがあるようです。

ただ、美帆さんはローンを借りた当時は会社員でしたが、現在はパート勤務のため、単独で借り換えをして、ペアローンを解消することはできません。居住を希望する美帆さんが住宅ローンと生活費を捻出するのも厳しい状況です。

（2）住宅ローンはあくまでも居住するためのローン

真一郎さんはこのマンションを出て、別の場所に住む段取りを進めていました。しかし、住宅ローンを組んだ契約者はローンの対象となっている物件に居住する必要があります。**住宅ローンの目的は「自分が生活するための家を購入する」こと**だからです。これはペアローンも同じです。

真一郎さんがこのマンションから引っ越しして別の場所に居住するのは厳密には「契約違

反」となり、金融機関から残債の一括返済を求められる可能性はあります。

「売却できないのなら、人に賃貸して家賃収入をローンの返済に充てられないか？」という相談も受けましたが、住宅ローンを組んだ物件を賃貸にすることも契約違反にあたるため、こちらも同様に金融機関から残債の一括返済を求められる可能性があります。

真一郎さんは、娘2人の生活は守ることを前提として離婚協議を進めたいという思いがありました。面談時に結論を出せるような内容でもなかったため、その後も継続してサポートをすることをお伝えして、面談は終了しました。

その後も定期的に真一郎さんからは連絡をいただいていますが、美帆さんからは離婚を拒否され、協議自体が難航しているようです。縁あって夫婦になったのですから、関係が修復できるに越したことはないと思っています。

（3）ローンは慎重に検討を

ペアローンの利用によって、区分マンションは夫婦の共有名義になりますので、売却する際には、共有者全員の同意が必要です。住宅ローンを完済していたとしても、共有者の同意がない限りは、マンションを売却することはできません。

厚生労働省の発表によると、令和2年の離婚数は約19万3000件、婚姻数は約52万5000件です。

夫婦の約3分の1が離婚すると言われるのは、この離婚数÷婚姻数（令和2年は約36・7%）となり、正確な数値ではありませんが、長期のローンとなるペアローンを組む際には、この事実も考慮する必要があるでしょう。

コラム／マイホーム関連の税制特例

不動産を売却し利益（譲渡所得）が出た時は、譲渡所得税・住民税が課せられます。

税率

●譲渡した年の1月1日現在の所有期間が、5年を超える場合
課税長期譲渡所得金額×15%・住民税5%
●譲渡した年の1月1日現在の所有期間が、5年以下の場合
課税長期譲渡所得金額×30%・住民税9%
※平成25年から令和19年までは、復興特別所得税として基準所得税額の2・1%課されます。

計算式

譲渡所得金額の計算
課税譲渡所得＝譲渡価額－（取得費＋譲渡費用）－特別控除

●譲渡価額：売却代金。

●取得費：売却した土地、建物を買い入れたときの購入代金、購入手数料などの資産の取得に要した金額から、その後支出した改良費、設備費などの額を加えた合計額。

※建物の取得費は、所有期間中の減価償却費相当額を差し引いて計算します。

※土地や建物の取得費が分からない場合等は、売却代金の5％を取得費にできます。

●譲渡費用：土地や建物を売却するために支出した費用。仲介手数料、測量費、売買契約書の印紙代、売却するときに借家人などに支払った立退料、建物の取壊し費用など。

特別控除

マイホーム（居住用財産）を売った場合は、次の特例が設けられています。

●居住用財産を譲渡した場合の3000万円の特別控除の特例

マイホームを売却した時は、所有期間の長短に関係なく、譲渡所得から3000万円まで控除できる特例です。

特別控除の適用要件

●自宅や借地権付き建物を売却すること。なお、以前居住していた物件の場合は、住まなくなった日から3年を経過する日の属する年の12月31日までに売却すること。

●建物を取り壊した場合は、以下2つの要件に当てはまること。

①売買契約が、建物を取り壊した日から1年以内に締結され、かつ、住まなくなった日から3年を経過する日の属する年の12月31日までに売却すること。

②建物を取り壊してから売買契約を締結した日まで、他の用途（例：コインパーキング）で利用していないこと。

●売却した年の前年及び前々年に、この特例の適用を受けていないこと。また、マイホームの譲渡損失についての損益通算及び繰越控除の特例の適用を受けていないこと。

●売却した年の前年及び前々年に、マイホームの買換えやマイホームの交換の特例の適用を受けていないこと。

●売却した建物や土地等について、収用等の特別控除など、他の特例の適用を受けていないこと。

●災害によって滅失した建物の場合は、住まなくなった日から3年を経過する日の属する年の12月31日までに売却すること。

●売買契約の売手と買手が、親子や夫婦などの特別な関係ではないこと。

適用除外

この特例は、次のような建物には適用されません。

●この特例の適用を受けることだけを目的として、入居したと認められる建物

●居住用家屋を新築する期間中だけ仮住まいとして使った建物、その他一時的な目的で入居したと認められる建物。

●別荘など、趣味、娯楽または保養のために所有する建物。

確定申告

この特例の適用を受けるためには、所定の書類を添えて確定申告をすることが必要

です。

出典：国税庁「マイホームを売ったときの特例」を加工して作成
https://www.nta.go.jp/taxes/shiraberu/taxanswer/joto/3302.htm

マイホームを売ったときの軽減税率の特例

マイホームを売却して、一定の要件に当てはまる時は、長期譲渡所得の税額を、より低い税率で計算する軽減税率の特例があります。

軽減税率の適用要件

次の５つの要件、全てに当てはまることが必要です。

●日本国内にある、自分が居住している建物や建物と土地を売却すること。なお、以前居住していた建物の場合は、住まなくなった日から3年を経過する日の属する年の12月31日までに売却すること。
また、建物が災害により滅失した場合は、その土地で住まなくなった日から3年を経過する日の属する年の12月31日までに売却すること。

●建物を取り壊した場合は、次の3つの要件全てに当てはまることが必要です。
①建物および土地は、建物が取り壊された日の属する年の1月1日において、所有期間が10年を超えていること。
②土地の売買契約が、建物を取り壊した日から1年以内に締結され、かつ、住まなくなった日から3年を経過する日の属する年の12月31日までに売却すること。
③建物を取り壊してから売買契約を締結した日まで、その土地を他の用途（例：コインパーキング）で利用していないこと。
●売却した年の1月1日において、売却した建物や土地の所有期間が共に10年を超えていること。
●売却した年の前年および前々年にこの特例の適用を受けていないこと。
●売却した建物や土地について、マイホームの買い換えや交換の特例など他の特例の適用を受けていないこと。ただし、居住用財産を譲渡した場合の３０００万円の特別控除の特例と軽減税率の特例は、重ねて受けることができます。
●売買契約の売手と買手が、親子や夫婦などの特別な関係ではないこと。

税率

課税長期譲渡所得金額（A）

6000万円以下：A×10％

6000万円超え：（A－6千万円）×15％＋600万円

※平成25年から令和19年までは、復興特別所得税として、基準所得税額の2・1％も課されます。

確定申告

この特例の適用を受けるためには、所定の書類を添えて確定申告をすることが必要です。

出典：国税庁「マイホームを売ったときの軽減税率の特例」を加工して作成
https://www.nta.go.jp/taxes/shiraberu/taxanswer/joto/3305.htm

なお、これらの税制の特例は、期限が定められていることもあるため、売却を検討する際は、国税庁が公表している1次情報の確認、税理士への個別相談を行い、手続きを進めるようにしています。

第4章

底地・借地権の問題

今まで紹介してきたように、相談を受ける業務の共通点は、不動産に関わる「お困りごと」の解決です。これから紹介する底地・借地権に関する案件は、不動産会社の方からも相談されることが多い業務です。

底地とは借地権が設定されている土地のことで、土地所有者（地主）が、第3者（借地権者）に建物の所有を目的として貸している土地です。

例えば、Aさんが土地をBさんに貸したとすると、Bさんは、その土地に自宅を建てて、土地を利用することができます。これを借地権と言います。Aさんはその土地を自由に使うことはできなくなりますが、Bさんから、土地の賃料（地代）を得て、土地の固定資産税や都市計画税を支払い管理します。

平成4年8月1日に施行された「借地借家法」では、それまでの借地法、借家法が見直されると共に、定期借地権も設定できるようになりました。しかし、**借地借家法が適用される前に土地賃貸借契約が締結されている底地も多く、こうした底地には、借地借家法ではなく旧借地法が適用されます。**

私のところに寄せられてくる底地に関する相談のほとんどが、旧借地法に基づくものです。

底地・借地権のイメージ図

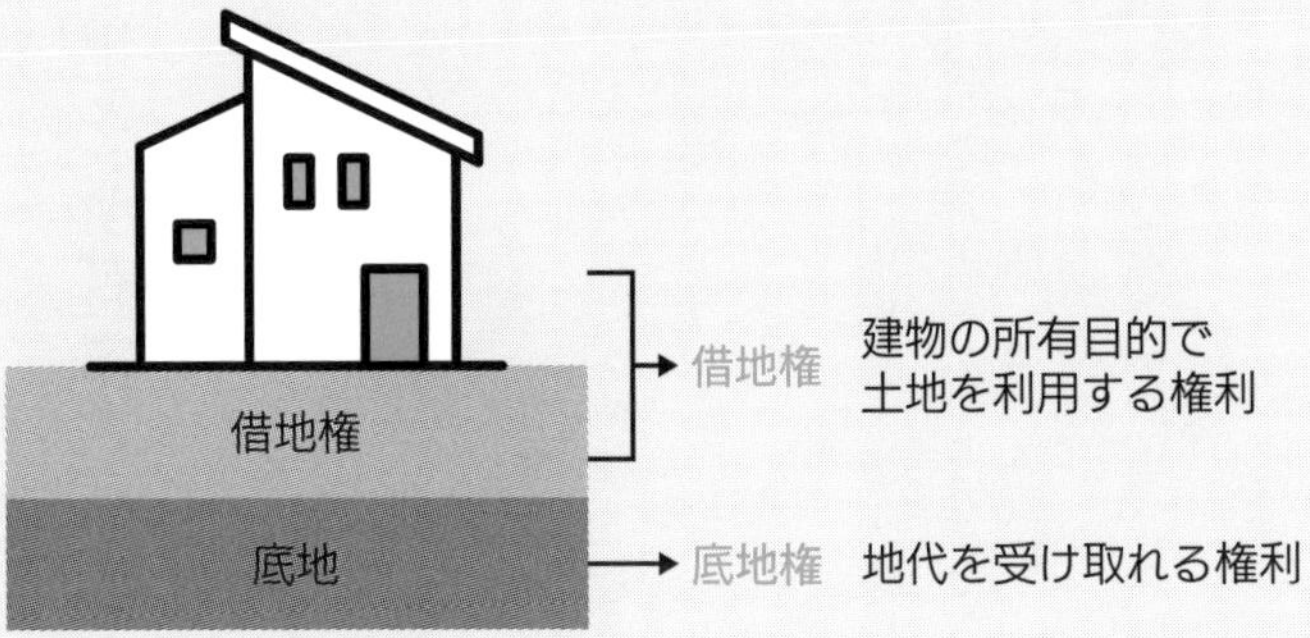

1　複数の底地を所有する地主の相続対策

康志さんは、先祖代々受け継いできた土地を所有しています。自宅・アパートの他、3軒の借地権者に土地を貸しています。その土地を親から相続して康志さんが管理してきました。70歳を迎えて「そろそろゆっくり暮らしたいな」と考えた康志さんは、長男の孝史さん、長女の奈々子さんに管理を委ねようと考えています。

しかし孝史さんと奈々子さんは、3軒の借地権者との面識はありません。父である康志さんが大家として管理していることは知っていますが、自分たちではどのように管理すればいいのか分からないと難色を示しています。

今回、康志さんが確定申告を依頼している税理士に相談され、税理士を通じて、私のところに相談がありました。

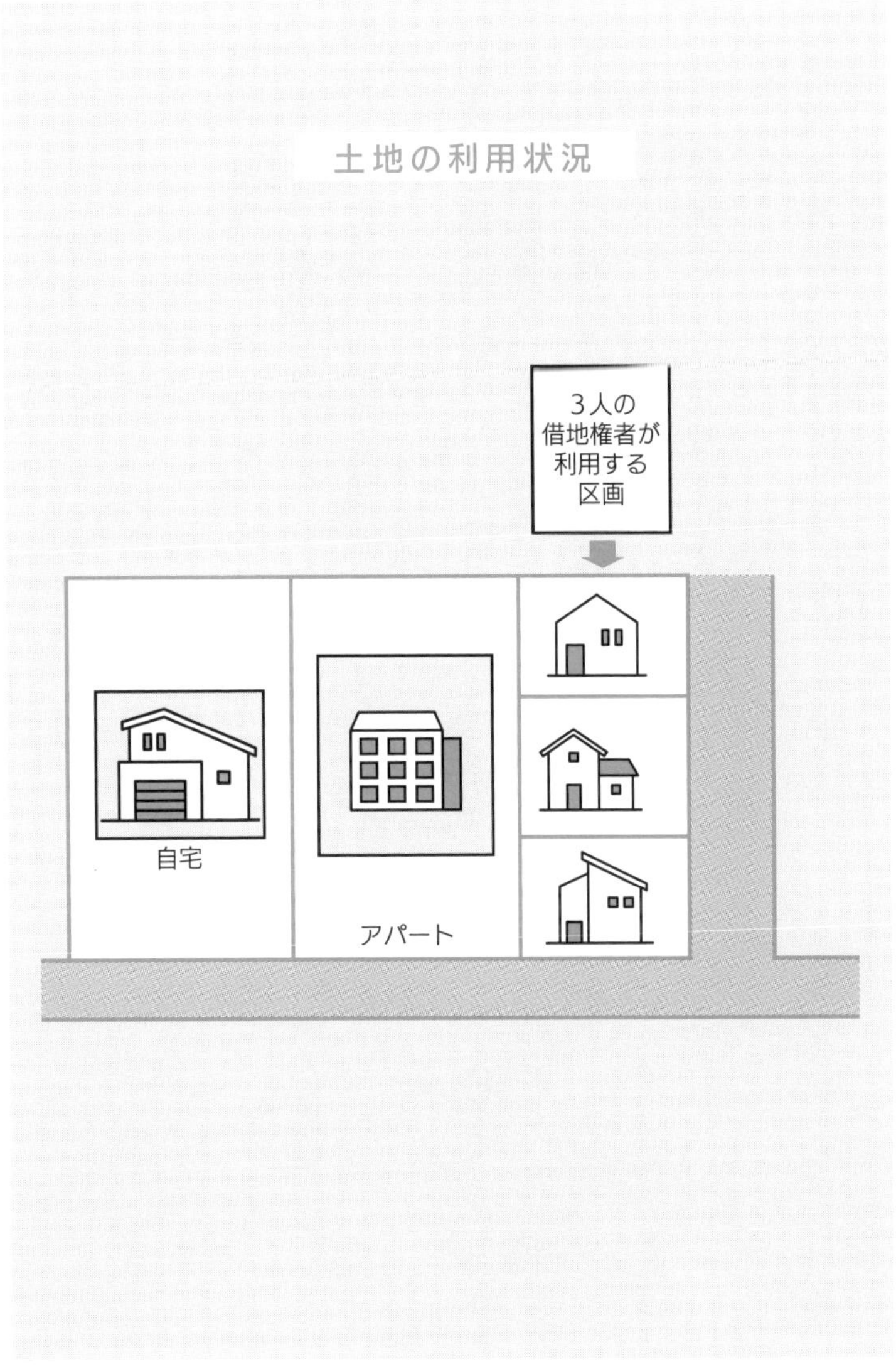
土地の利用状況
3人の借地権者が利用する区画
自宅
アパート

（1）底地を相続したくない子どもたち

まずは、税理士と一緒に康志さんの自宅へ訪問することになりました。康志さんご夫妻のほか、近くに住む孝史さんや奈々子さんも同席。康志さん所有のアパートの底地について、それぞれがどう考えているのかを確認していきました。

康志さんご夫妻は、「先祖代々から引き継いできた不動産は、処分せずに子どもに引き継がせたい」とのご要望の一方で2人の子どもは、「両親の気持ちは分かるけれど、アパートと貸している土地の管理のことで、煩わしい思いはしたくない」と言います。

さらに孝史さんと奈々子さんは「3軒から入ってくる賃料収入に比べて、管理の手間がかかりそうな底地はできれば相続したくない」とまで言っています。

そこで、孝史さんと奈々子さんが特に管理に難色を示していた底地の管理を私が行い、地代の入金、3年以内に迎える土地賃貸借契約の更新対応等の管理業務を担うことになりました。

（2）更新手続きのための確認事項

「地代を支払う人＝借地権者」という認識の方もいますが、そうとは言い切れません。借地権も財産であり、遺産分割協議を経て承継するものです。

康志さんからは「祖父の代から借地し始めていて、その子どもが借地を引き継いでいる」と聞いていましたが、借地権者が代替わりのたびに遺産分割協議を行っているかまでは確認していませんが、建物の登記簿謄本（建物謄本）にて相続登記の記録が確認できれば、その時点まで相続手続きがなされてきたことは分かります。管理業務を始めるにあたり、法務局で物件調査を行い、建物謄本を確認していきます。

土地賃貸借契約期間は20年以上（木造などの非堅固建物は20年以上、鉄筋コンクリート造などの堅固建物は30年以上）となり、康志さんの代になってからの更新手続きは初めてです。法務局で3棟の建物の登記簿謄本を確認したところ、康志さんの先代（父）が締結した土地賃貸借契約書に記載された賃借人がすでに2名他界されていることが判明しました。

土地賃貸借契約書の更新手続きにあたり、借地権と建物の相続手続きを終えていただく必要があります。また、借地権者は一筆の土地を利用しています。契約面積は25坪～30坪とまちまちですが、それを証する地積測量図が法務局では確認できませんでした。

康志さんに売却意向がないため、分筆登記まで行うかは要検討ですが、更新手続きを行うにあたり、現況の地積測量図を作成する必要はありそうです。

従前の土地賃貸借契約書に記載された面積で更新手続きをすることもできますが、測量した面積で更新手続きをした方が円滑に進めることができるためです。

（3）利用区画ごとの分筆登記～更新手続き

調査終了後、康志さん宅を訪問して調査報告書を提出。今後の管理のしやすさを考えて、境界確定測量・利用区画ごとの分筆登記を進めながら、土地賃貸借契約書の更新手続きを進めることになりました。なお、分筆登記をする際は、借地権者に（借地）境界を確認いただくことで、後日の境界トラブルを防ぐことになります。

更新手続きについては、測量に基づく土地（借地）面積の確認や借地権者側の相続手続きなど、訪問や連絡をして進めていくことになります。実は今回の更新手続き中に、借地権者から底地を購入できないかと打診されていました。康志さんには、底地を売却する意思が全くないため、話を進めることはありませんでしたが、第3者が入ることで借地権者の考え方を知れるという利点があります。

更新契約時には、孝史さんと奈々子さんにも同席いただきました。借地権者とも面識を得たことで、管理について前向きになれた様子でした。

更新手続き完了の報告には税理士と共に伺いました。康志さんからは、土地賃貸借契約書の更新手続きのお礼と共に、アパートの管理も困ってきたら相談させてくださいねとありがたい言葉をいただくことになりました。

2　5区画の底地を含めた土地の有効活用

75歳の庄一さんは、自宅と地続きの駐車場、それに5軒の借地権者に土地を貸して活用しています。今回、「相続税の納税のことや、所有している土地の活用などを相談したい」ということで、庄一さんが毎年の確定申告を依頼している税理士のところに相談に行きました。

相談を受けた税理士は、「土地をどのように活用するかによっても、内容が変わります。土地活用について詳しい人がいるから、一緒に話を聞きましょう」と庄一さんに私を紹介されて税理士と一緒にお伺いすることになりました。

（１）借り入れに頼る土地活用はしたくない

庄一さんと息子の和也さん、税理士、私との面談の場が設けられました。詳しく話を伺ってみると、庄一さんが親から不動産を相続したときに、自宅離れの駐車場を売却して相続税の納税資金に充てるなど、かなり苦労をしたとのこと。庄一さんは「息子にはそんな苦労をさせたくない」と考えていたようです。

金融機関からは、庄一さんが持っている駐車場にアパートを建てて、家賃収入を得る形で資産形成してはどうですか？　と提案されていたようですが、前向きにはなれません。

庄一さんは、次のような要望をお持ちでした。

・大きな借り入れをしてマンション経営をするリスクは取りたくない。
・子どもたちには相続税のことで苦労をかけたくない。
・5年内に更新期日を迎える底地の管理から解放されたい。

概況図

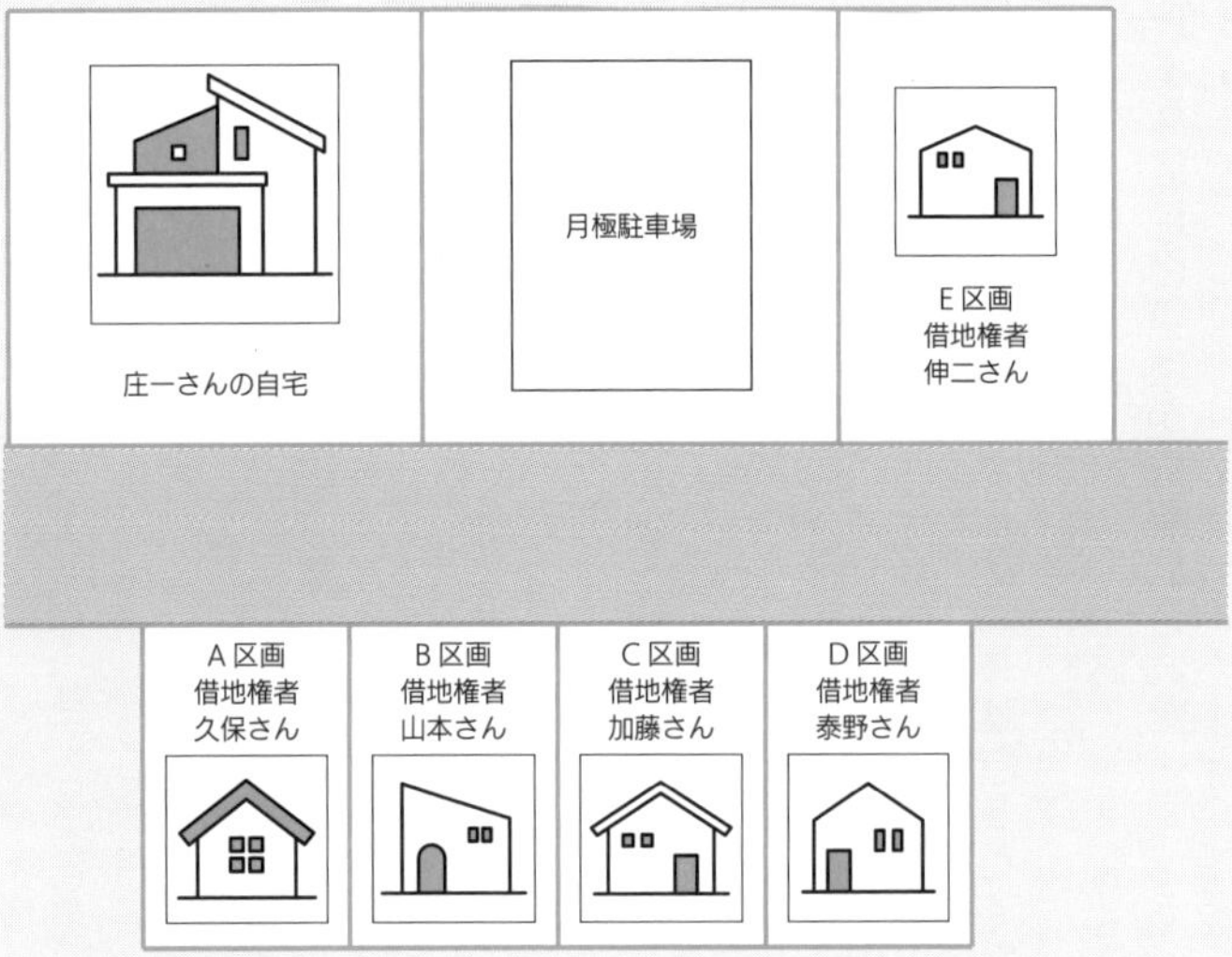
庄一さんの自宅
月極駐車場
E区画
借地権者
伸二さん
A区画
借地権者
久保さん
B区画
借地権者
山本さん
C区画
借地権者
加藤さん
D区画
借地権者
泰野さん

息子の和也さんも「底地の管理を引き継ぎたくない」とのことです。庄一さんが管理業務で苦労している様子を見ながら育ったため、「自分にはできない」と感じていたそうです。

庄一さんも和也さんも、現預金がさほど手元にないため、アパートを建てるためには借り入れに頼らなければなりません。そうすると、家賃収入から借入の返済に充てる部分が大きくなります。シミュレーション上では収益も上げられそうだったとしても、アパート経営が順風満帆に行くとは限りません。思っていたよりも空室率が高い、入退去ごとの修繕費用がかかる、近隣に競合物件が新築され、家賃を下げないと入居がつかないなど、想定外のことが起こり得ます。そうすると、収支計画が狂ってしまいます。

不測の事態があってもまとまった現預金を持っていれば補填することもできますが、現預金が少ないと資金繰りに窮することもあり得ます。よくある家賃保証についても、同額が常に保証されるわけではないことは周知の通りです。

税理士の試算では、庄一さんの相続時に支払う相続税は、所有している5区画の底地と駐車場・アパート等の不動産を相続税の納税財産にするほかない状況です。亡くなってから10ヵ月以内に相続税納付をすることを考えると、早く売却できるのは駐車場です。庄一さんも、「売るなら駐車場しかないのかなあ」と考えていました。しかし駐車場を売却してしまうと、底地だけが残ってしまいます。

売却せざるを得ないのであれば、収益性が低い不動産から売却するのがセオリーです。できることなら、駐車場は手元に残しておくべきでしょう。

(2) 底地を購入したい借地人

経験上、借地権者の中には、「地主さんから土地を買い取りたい」と考えている方が一定数はいます。理由はさまざまですが、建替えや売却などを考えた際に、土地所有者からの承諾が必要となるのが煩雑だと感じている、地代を支払い続けても所有できるわけではないなど、土地を所有権とすることで、ご自身の財産とされたい借地権者の方はいます。

なお、**底地権の売買の際は、土地の価格から借地権割合を差し引いた価格で売買する必要があると思われている方もいますが、特段の決まりはありません。**

戸建てやマンションの売却時と同様、お互いに合意した価格で売買手続きを進めることができます。借地権割合は、あくまで相続税・贈与税を算定するための財産評価基準です。どちらの権利が強い弱い、ということでもありません。

【例】坪単価：100万円、30坪の土地、借地権割合：60％の底地売却
100万円×30坪×（100％－借地権割合：60％）＝1200万円
100万円×30坪×50％＝1500万円
100万円×30坪×60％＝1800万円

また、底地を購入するための融資には取り組みやすいという利点もあります。仮に時価の4割で底地を売買するとします。金融機関は、土地・建物に（根）抵当権を設定し、万が一ローンの返済ができなくなったときは土地・建物を売却して融資額を回収することになりますが、元々の貸付割合（4割）が時価よりも低いため、返済が滞ったときに融資額を回収できる確率が高くなるため、金融機関としても融資に取り組みやすいのです。

底地を購入できないものかと考えている借地権者は直接、地主さんに「土地を売ってくだ

さい」と言えばいいのではないか？と感じた方もいると思います。確かに中には購入を持ちかける方もいますが、割合としては少ないと言えます。なぜなら、地主さんがどんな反応をするか分からないからです。

「私も土地を売りたいと思っていたんですよ」という返事が返ってくればいいですが、「何を厚かましいことを言うんだ」「うちの財産を狙っているのか」と思われてしまったら、関係が悪くなってしまいます。ですから、底地を買いたいと思っていても、自分からは言い出しづらいのです。

そして地主さんの中にも「借地権者が底地を買いたいと思っているはずがない」と思っている方はいます。「底地を買いたければ、すでに申し入れているはず」「地代を払っていれば住むことができるので、まとめて大金を支払うことはない」「底地を購入するためのローンはない」と考えている地主さんもいました。

今回の事例では、底地の5区画は分筆登記がなされていたため、個別に対応を進めていくことができます。そこでまず、底地5区画のうち、親戚の伸二さんの区画以外の管理業務を受任し、5年内に迎える更新手続きを進めながら、借地権者の意向を把握していくことになりました。

(3) 土地活用の方針を決めていく

空地などの未利用地で土地活用を進めるのであれば、土地所有者の意向で進めていくことができます。庄一さんのように、何かしらの形で土地活用をしている場合は、相手方(借地権者)の事情意向を把握しながら進めていくことになります。

庄一さんの意向

・A～D区画を相続税の納付財源とする。
・自宅と地続きの区画の収益性を高めていく。

この2点を前提に、土地活用を進めていくことにしました。

3 底地権の売却

（1）【A区画】現金購入による底地売却

A区画の借地権者である久保さんは、1年以内に更新を迎えます。更新手続きの説明をしていくと、「地主の庄一さんは、底地を売却するお考えはないのでしょうか？」と聞かれました。「亡くなった父の代から申し入れをしていたのですが、何ら話がなかったので、更新手続きを行うしかないのかと考えていたんです」とのこと。その後庄一さんとの打合せで、底地権を売却単価は、時価の半分（借地権割合は60％）とすることにしていましたが、その金額で購入手続きを進めて欲しいとのことでした。

久保さんの底地購入の意向について庄一さんに報告すると、「そんなこと言ってたっけ？」

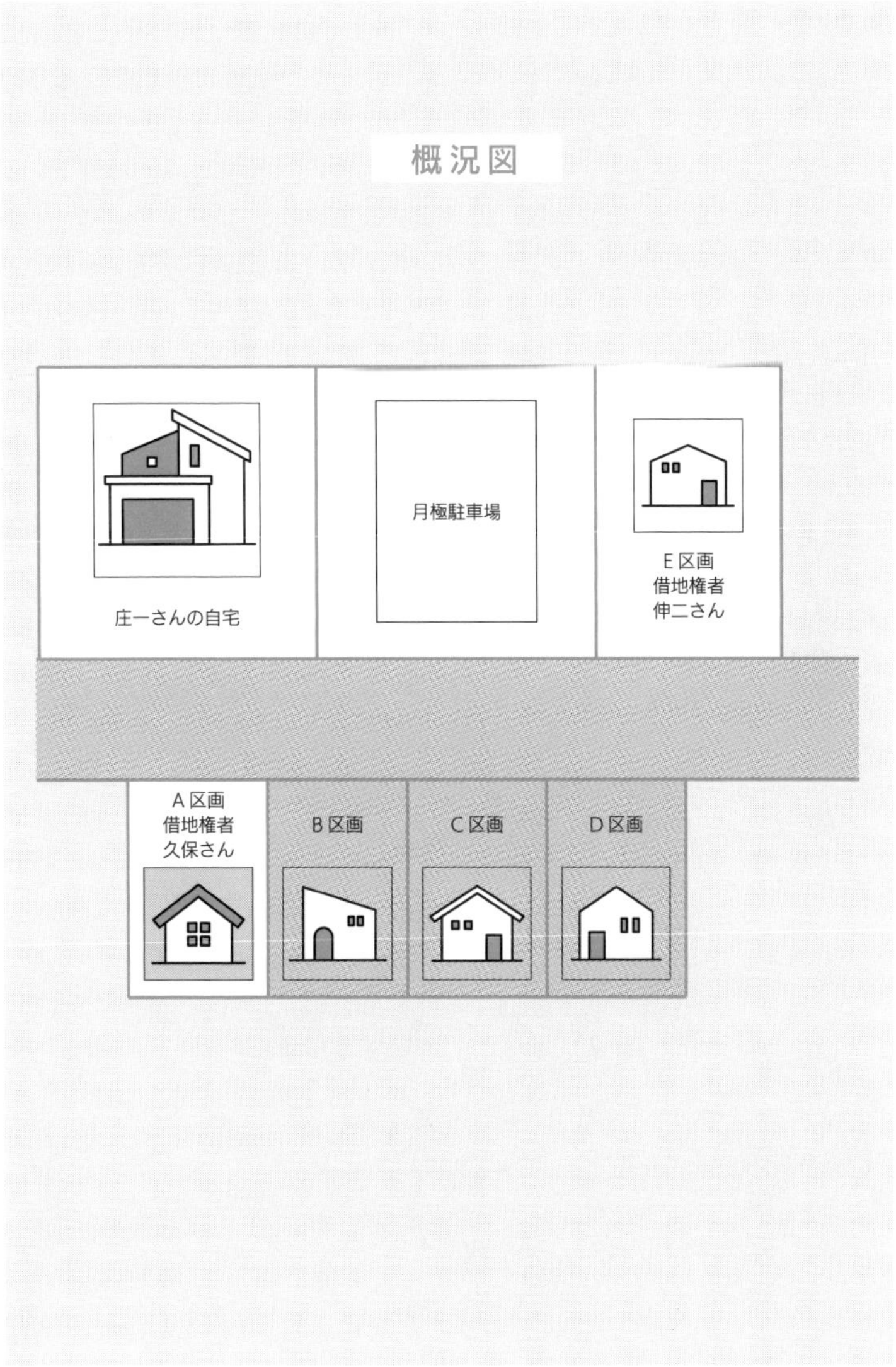
概況図
庄一さんの自宅
月極駐車場
E区画
借地権者
伸二さん
A区画
借地権者
久保さん
B区画
C区画
D区画

と言われてしまいました。底地購入代金は、久保さんが蓄えていた現金を利用し、売却手続きを進めました。

(2)【B区画】融資利用による底地売却

B区画の借地権者である山本さんは、3年後に更新手続きを迎えます。更新手続きの説明に伺う旨を伝えると、同居する息子さん同席での面談を要請されました。山本さん親子と話をすると「築50年を超える自宅を建て替えて、年老いても長く住みたい」とのこと。建て替えの相談をしたハウスメーカーからは「底地の購入ができれば、融資も利用しやすくなりますよ」と言われたそうです。

購入資金をどうやって捻出する予定なのかを伺ってみると、「現金と融資で資金を確保したいと考えています」とのこと。そこで、「資金確保の目処がつけば、地主さんに相談してみましょう」と伝えました。

概況図

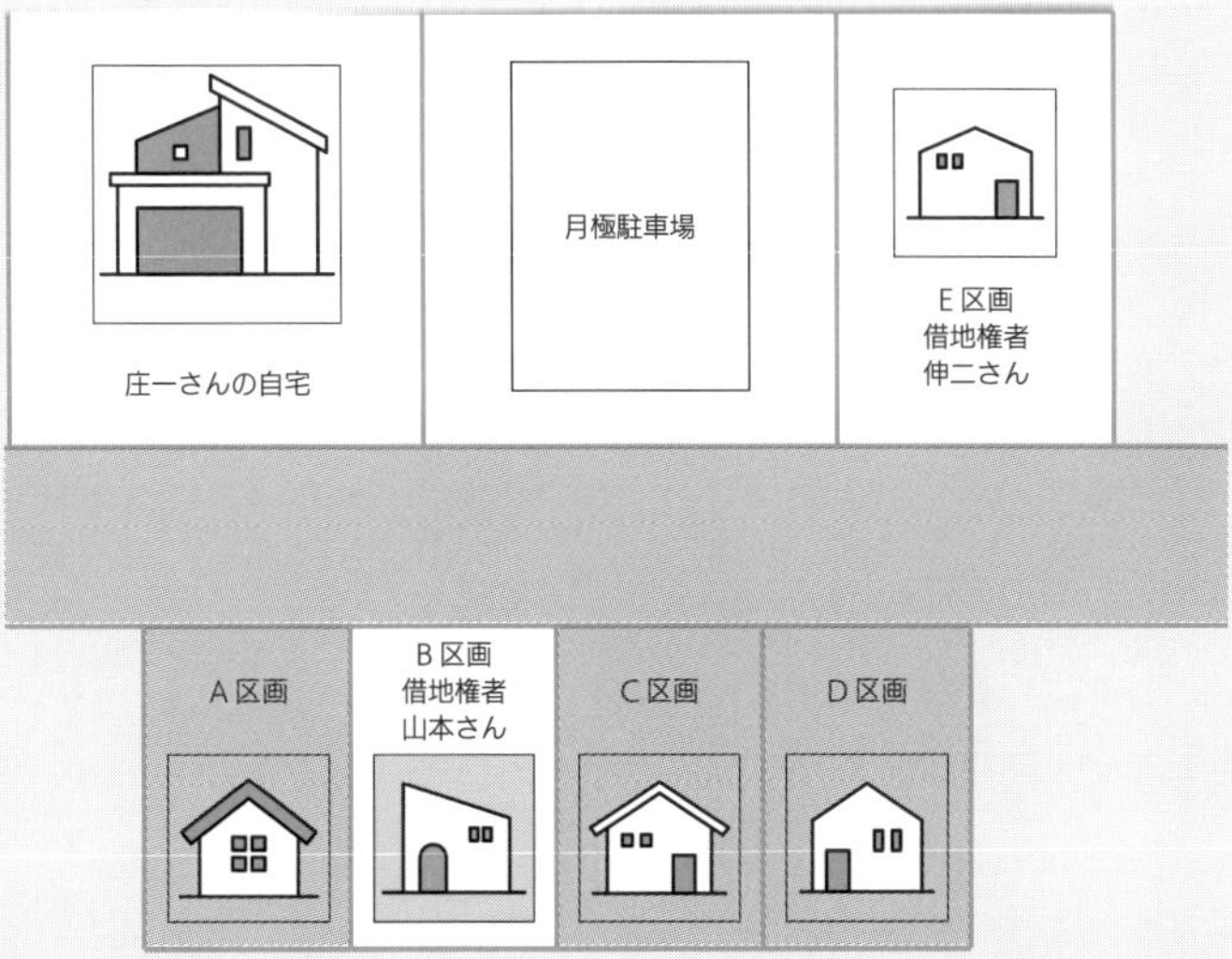

後日、山本さん親子が地元の信用金庫に融資の相談に行ったところ、担当者からは、「本部稟議は売買契約後となるものの、息子さんの年収などを考慮すると、融資には問題がない」という回答だったそうです。

底地権の売却単価も、A区画の久保さんと同等額で話がまとまり、売却手続きを進めました。

コラム／借地権者の地位に変更がない旨の申出書

今回、底地権は借地権者ではなく、息子さんが購入することになりました。こうした手続きを進める際は、「借地権者の地位に変更がない旨の申出書」を税務署に提出いただくようご説明します。

底地売却手続きを終えると、土地所有者（地主）が息子さん、建物所有者は変わらず父のままとなります。親子間で地代の収受を行わないと、土地の賃貸借ではなく、使用貸借となり、父の借地権が消滅します。父から「借地権に相当する額の贈与があった」とみなされる可能性があるのです。

これを避けるためには、父の山本さんは借地権者としての地位を放棄していないということを、税務署に行って申出書を提出しておけばいいのです。

借地権者の地位に変更がない旨の申出書

借地権者の地位に変更がない旨の申出書

令和　年　月　日

____________ 税務署長

（土地の所有者）

________________ は、令和　年　月　日に借地件の目的となっている

（借地権者）

下記の土地の所有権を取得し、以後その土地を________________に無償で貸し付けることになりましたが、借地権者は従前の土地の所有者との間の土地の賃貸借契約に基づく借地権者の地位を放棄しておらず、借地権者としての地位には何らの変更をきたすものでないことを申し出ます。

記

土地の所在 ________________________

地　　積 ________________ ㎡

土地の所有者（住所）____________ （氏名）____________

借 地 権 者（住所）____________ （氏名）____________

出典：国税庁
https://www.nta.go.jp/taxes/tetsuzuki/shinsei/annai/sozoku-zoyo/annai/pdf/38-2.pdf

（3）【C区画】借地権者との同時売却

C区画の借地権者である加藤さんからは、「自分の代はこのまま土地を利用させてもらいたいが、子どもたちはそれぞれ家を保有しているので、借地を維持するかは分かりません」と言われました。管理開始から2年ほど経過したときに、加藤さんがお亡くなりになられたことを庄一さんから聞きました。

加藤さんが亡くなられてから6ヵ月ほど経ったときに、借地の件で相談したいことがあるとのことで、長男の悟さんから連絡がありました。庄一さんも、加藤さんが亡くなった後で、誰が住むのかが気になる様子でした。

話をお聞きすると、悟さんを含めて子どもは3人いますが、それぞれ持ち家を所有しており、借地を維持する意向はなく、借地権を売却したいとのことです。

そこで、加藤さんが有していた借地権と庄一さんが有する底地を一体で売却し、売却代金を庄一さんと加藤さんの相続人とで折半することを提案。悟さんが窓口となり、借地権を換価分割することにして売却手続きを進めました。

概況図

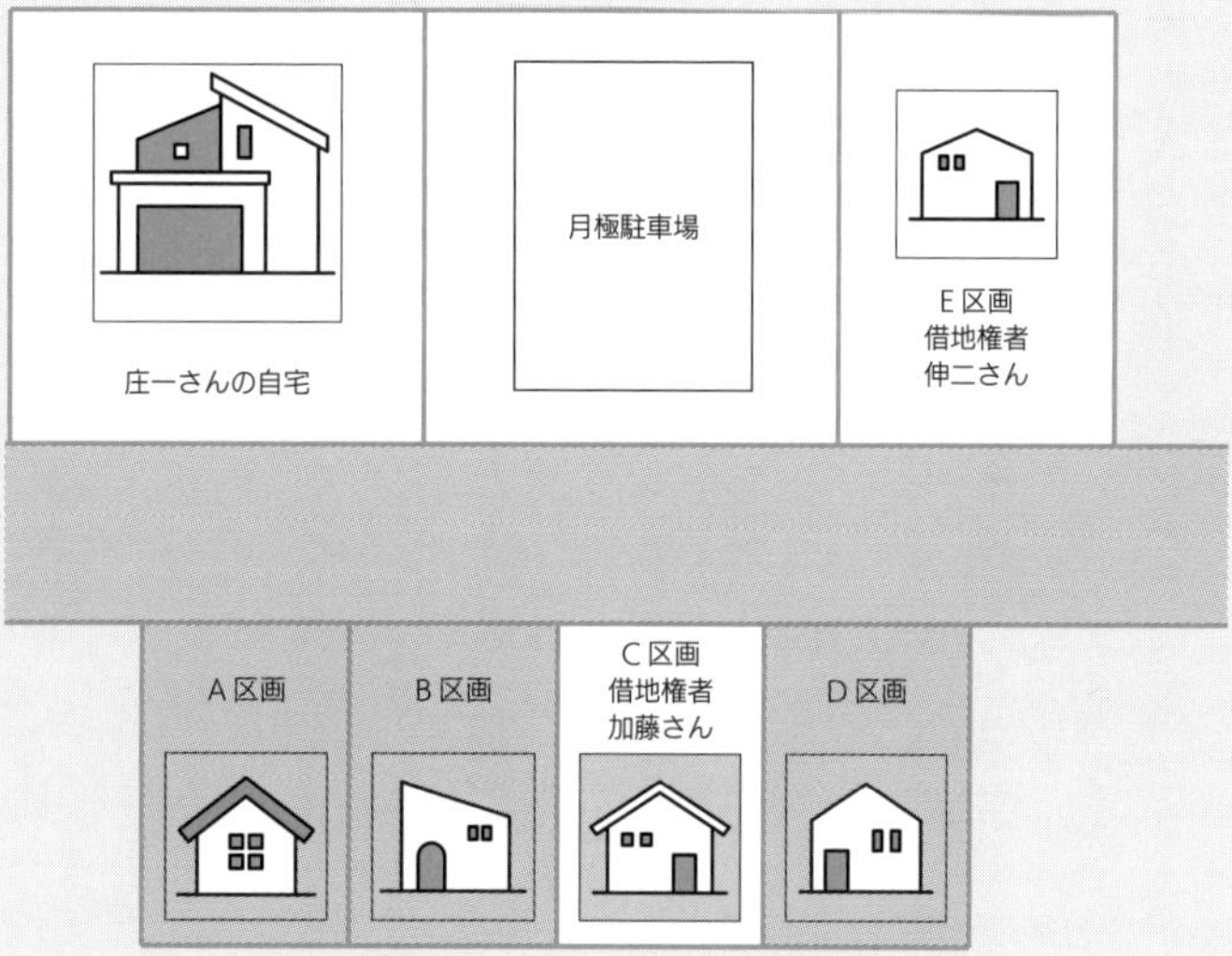

4 借地権の購入

(1)【D区画】借地権の購入&定期借家契約

D区画の借地権者である泰野さんは、数年前に夫に先立たれ、1人暮らしをしています。年金暮らしのため、5年後に迎える更新手続きをしたとしても、いつまで借地を維持できるか分からないと心配していました。

面談には、長女の美恵さんが同席。「母は可能な限りこの家に住みたいと言っていて、1人で生活できなくなったら老人ホームに入ることを考えているようです。娘としてそれで良いのか分からないんです」と悩んでおられました。それから3年ほど経った頃、美恵さんから

概況図

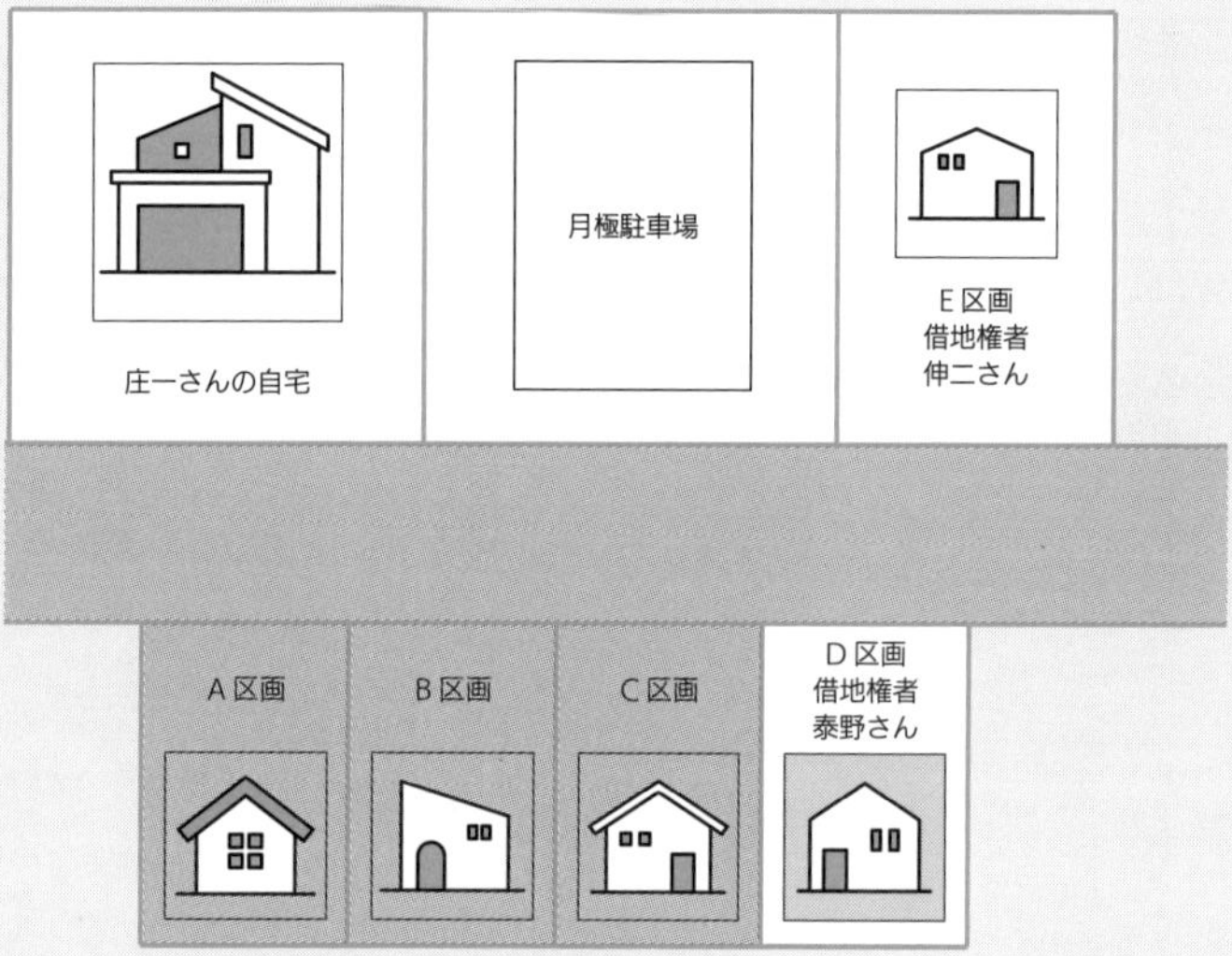

庄一さんの自宅
月極駐車場
E区画
借地権者
伸二さん
A区画
B区画
C区画
D区画
借地権者
泰野さん

「相談したいことがある」とのことで連絡がありました。

話をお聞きすると、母を美恵さんの自宅に引き取りたいとのこと。「子ども部屋をリフォームして、母にはそこに住んでもらうことにしました。リフォーム資金などもかかるので、借地権を売却させていただくことは可能でしょうか？」と相談されました。

地主の庄一さんに伝えたところ、「事情は分かるが、新たに借地権者を迎えることには前向きにはなれない」とのこと。私が管理業務をしている中でも、新たに借地権者を迎えて関係性を構築していくことを嫌がる地主さんは一定数いますので、庄一さんの気持ちも理解できます。

そこで、庄一さんに「今までの底地売却資金を充てて、借地権を購入するのはいかがでしょうか？」と提案しました。

（2）定期借家契約を選び、売却や土地活用がしやすい状況を残す

泰野さんが暮らしていた建物は、築30年の木造住宅。ルームクリーニングやクロスの貼り替えは必要なものの、借家にするには問題はなさそうな物件でした。庄一さんもこの提案に同意。D区画を売却する可能性も残しておきたいとのことで、賃貸する際は、普通借家ではなく定期借家契約にて募集することにしました。

定期借家契約とは、契約期間をあらかじめ決めておく建物賃貸借契約のこと。貸主と借主が合意すれば再契約をすることも可能です。普通借家契約の場合、賃料をきちんと支払いすれば、賃借人は利用し続けることができます。今回は定期借家契約にすることで、売却・活用がしやすい状況にしておくことが良いと庄一さんは判断されました。

その後、庄一さんが泰野さんから借地権を購入。ルームクリーニングやクロスの貼り替えをした後で、3年の定期借家期間を設定して賃貸募集を行いました。募集後すぐに借り手が見つかり、無事に手続きを進めることができました。

5 等価交換

（1）【E区画】D区画との等価交換

泰野さんとの手続きを終えて、しばらくしてから庄一さんの親戚の伸二さんから、嫁いだ娘さんに子ども（伸二さんの孫）が生まれ、同居話が出ているので、2世帯住宅に建て替えたいという申し入れを受けたとのことで、追加で管理業務を受任することになりました。

庄一さんとしては、親戚の希望を叶えてあげたいのはやまやまだが、自宅・駐車場の地続きの土地なので、建て替えを認めることに難色を示していました。そこで庄一さんに、「伸二さんにはD区画に移ってもらってはどうでしょうか？」と提案しました。D区画の借家人が

概況図

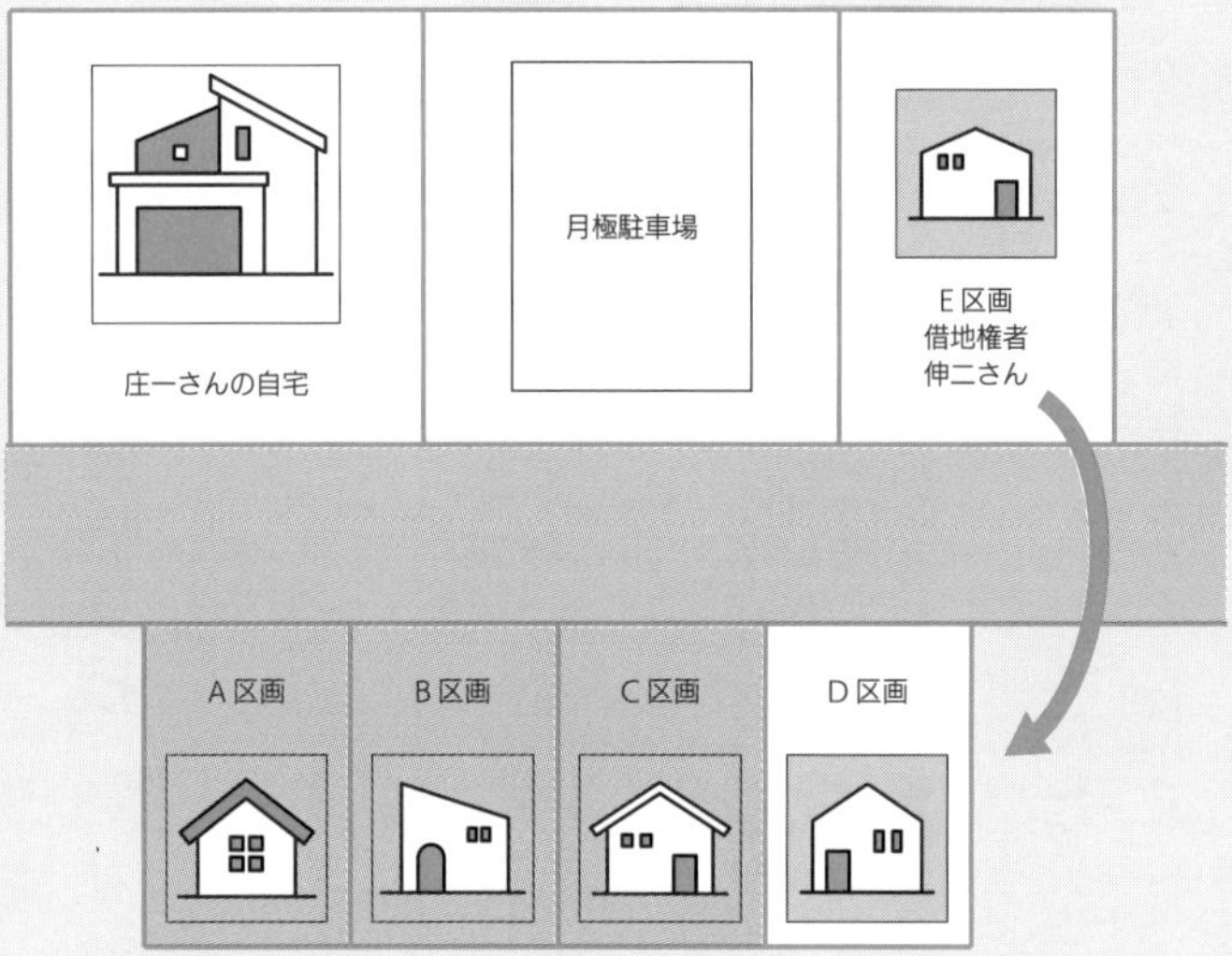

退去したタイミングで、伸二さんがD区画に移動すれば、庄一さんは自宅と駐車場、さらにE区画を広く利用することができるようになります。

そこで、定期借家契約が終了するタイミングで伸二さんに等価交換を持ちかけ、駐車場・Eさんからの返地部分を土地活用素地とする方針で進めることになりました。

(2)底地権と借地権の等価交換

今回、D・E区画については、庄一さんの土地と伸二さんの借地権との等価交換を進めましたが、底地の有効活用を進めていく中で、**底地権と借地権の等価交換**を行うことがあります。

例えば、60坪ある土地について、面積を折半することでの底地権と借地権の等価交換を進める場合、以下のように、互いに土地を所有することになります。

等価交換のイメージ図

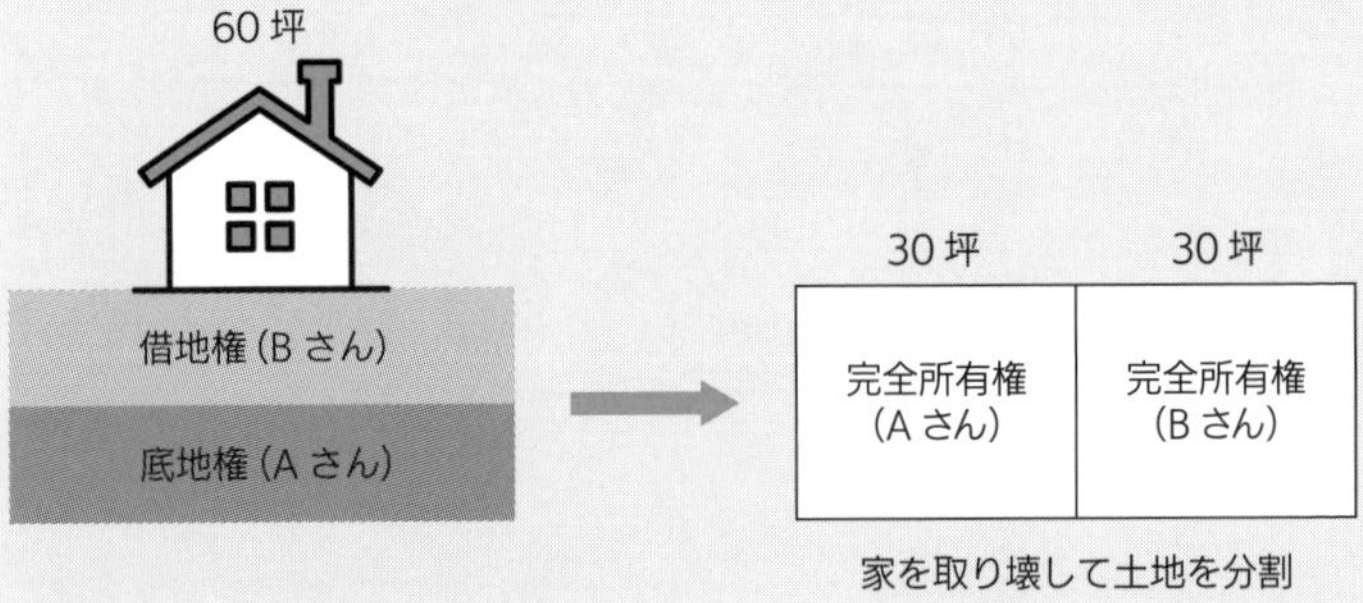
60坪
借地権（Bさん）
底地権（Aさん）
30坪
30坪
完全所有権
（Aさん）
完全所有権
（Bさん）
家を取り壊して土地を分割

等価交換を進めるときには、いくつかのポイントがあります。

・交換する面積割合を決める。
・境界確定測量をしていなければ、実施し、分筆登記をできるようにする。
・交換特例を適用できるかを税理士に確認する。

なお、等価交換を行う際の所有権移転登記にかかる登録免許税は、固定資産税評価額の2・0%。建物の解体費用や不動産取得税などと共に、不動産を取得する借地権者側が現金で用意する必要があることにも留意が必要です。

コラム／土地建物の交換をしたときの特例

個人が土地や建物などの固定資産を同じ種類の固定資産と交換したときには、譲渡がなかったものとする特例があります。この特例のことを「固定資産の交換の特例」と言います。

特例の適用を受けるための要件

①交換により譲渡する資産および取得する資産は、いずれも固定資産であること。

②交換により譲渡する資産および取得する資産は、いずれも土地と土地、建物と建物のように互いに同じ種類の資産であること。

この場合、借地権は土地の種類に含まれ、建物に附属する設備および構築物は建物の種類に含まれます。

③交換により譲渡する資産は、1年以上所有していたものであること。

④交換により取得する資産は、交換の相手が1年以上所有していたものであり、かつ

交換のために取得したものではないこと。

⑤交換により取得する資産を、譲渡する資産の交換直前の用途と同じ用途に使用すること。この用途については、次ページのように区分されます。（１８４ページ参照）

⑥交換により譲渡する資産の時価と取得する資産の時価との差額が、これらの時価のうちいずれか高い方の価額の20％以内であること。

この特例は、交換する資産が互いに同じ種類の固定資産でなければなりません。土地建物と土地を交換した場合には総額が等価であっても、建物部分はこの特例が受けられず、交換で建物を取得した人は建物の価額相当額の交換差金を受けたことになります。

なお、この特例の適用を受けるためには、所定の書類を添えて、確定申告をすることが必要です。

交換譲渡資産の種類とその用途区分の表

交換譲渡資産の種類	区分
土地	宅地、田畑、鉱泉地、池沼、山林、牧場または原野、その他
建物	居住用、店舗または事務所用、工場用、倉庫用、その他用

出典：国税庁　「土地建物の交換をしたときの特例」
https://www.nta.go.jp/taxes/shiraberu/taxanswer/joto/3502.htm

6 土地活用の進め方

住宅街での土地活用を検討する際、「建築するとしたら賃貸アパート・マンションぐらいしかないかな」と思って建築を進める方がいますが、土地を活用する方法は多岐にわたります。
私は物件調査をした上で、立地に合わせた土地活用手法を検証し、その土地にどのような建築物が建てられるか、コインパーキングにするとしたら、何台まで駐車することができるのかなど、具体的な事業計画について相談者に提案しています。

【土地活用の例】
・賃貸アパート・マンション
・戸建て賃貸住宅
・ガレージハウス
・老人ホーム、サービス付き高齢者住宅、グループホーム

・貸し店舗・事務所
・月極駐車場、コインパーキング
・トランクルーム
・コインランドリー
・太陽光発電
・ロードサイド店舗
・保育園、医療施設
・売却および新たに収益物件を購入する　など

（1）土地活用を行う目的

土地活用の検討を進める際、どの土地活用手法で進めていくかの検討も必要ですが、土地活用の目的を決めることが大切です。目的を決めずに建築プランや収支計画の検討を進めてしまうと、土地活用することが目的になってしまいかねません。

庄一さんは、駐車場・E区画の土地を活用することにより、将来の相続税納付資金を確保したい意向です。また億円を超える借り入れはしたくないこと、自宅の隣には息子の和也さんの子ども（庄一さんの孫）が自宅を建築できるように、駐車場として保有しておきたいとのことでした。そして、最寄り駅から徒歩15分の住居地域という立地を考慮した上で土地活用プランを検証。次の活用方法を提案しました。

・建築する敷地→賃貸アパート・マンションまたは戸建て賃貸住宅（ガレージハウス）
・月極駐車場→コインパーキング

今まで駐車場については、月極駐車場とし、管理業務は庄一さんが行っていました。コインパーキングは、土地を事業者に貸与する契約を結び、契約賃料を設定します。また、借地借家法は適用されません。管理業務はコインパーキング事業者が行うことになるため、庄一さんの管理負担はなくなります。

庄一さんが対応することは、コインパーキング事業者との契約更新手続き、ゴミが放置された場合に事業者に連絡をする程度です。なお、契約期間は事業者によりますが、2年か3

概況図

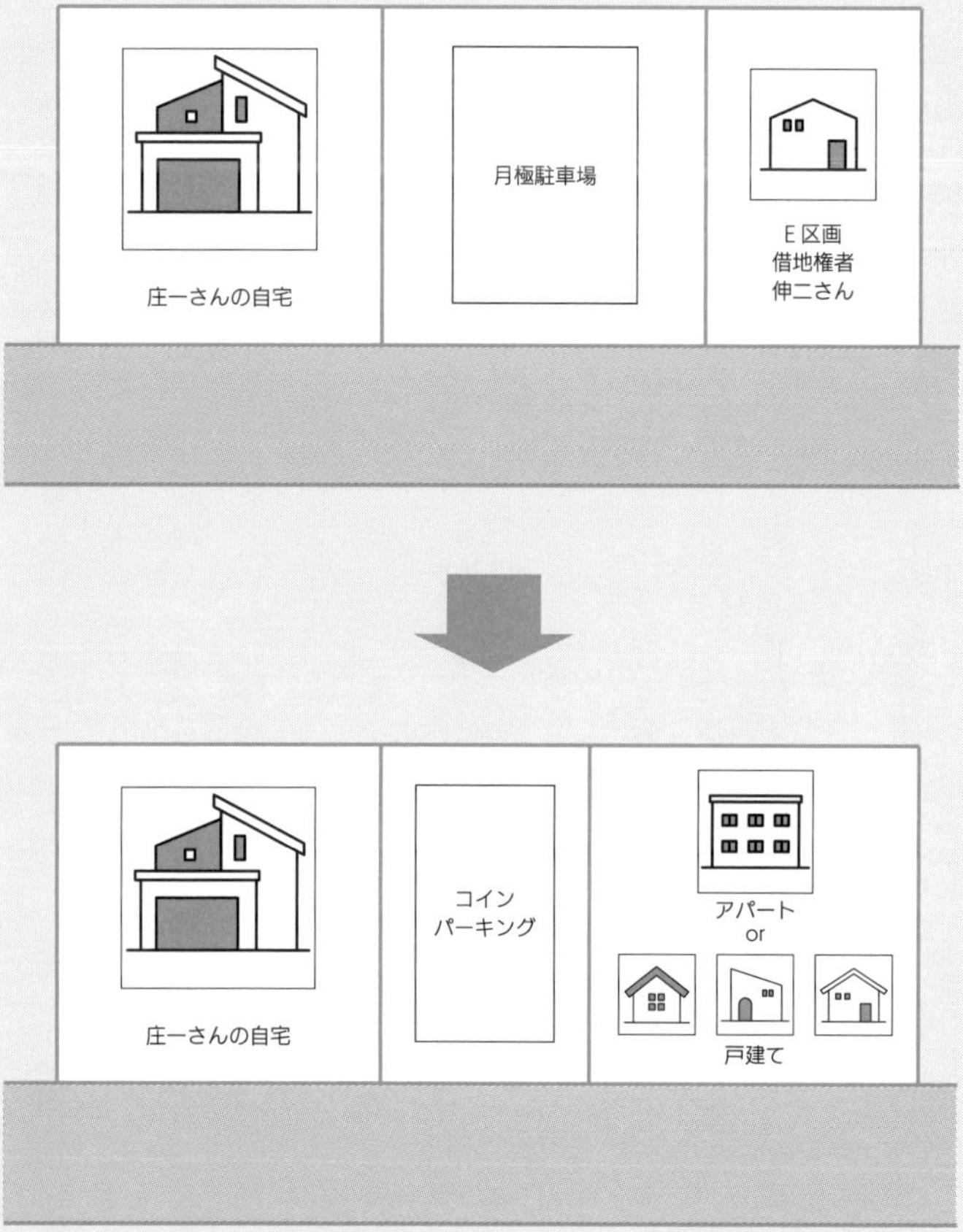

庄一さんの自宅
月極駐車場
E区画
借地権者
伸二さん
庄一さんの自宅
コイン
パーキング
アパート
or
戸建て

年ごとの更新が多いのが現状です。

なお、コインパーキングを行う敷地にアスファルト舗装を行う場合、施工費用を土地所有者側で行うか事業者側で負担するかを選定し、それにより契約賃料が変動します。

この段階では、概算予算や収支計画をもとに、土地活用手法の検証を進めるかを検討します。車好きの庄一さんから、ガレージハウスはどうか、という話も出ましたが、「大きい車が止まると近所迷惑よ」という奥様の一言により、次の3パターンを提案し、検討を進めていきました。

プラン別の建築コスト例

プラン	間取り等	建築コスト	月額賃料	表面利回り
アパート ワンルーム	1K 28㎡ 8世帯 木造2階	6,500 万円	52万円	9.6%
アパート 2LDK	2LDK 55㎡ 6世帯 鉄骨造3階	1億円	72万円	8.6%
戸建て 賃貸住宅	3戸 木造	7,000 万円	54万円	9.2%

（2）コンペ形式での事業計画を検討

庄一さんご夫婦とも、初期段階では、収支計画（表面利回り）が良い、ワンルームタイプのアパートが良いのではないかと考えていました。

しかしながら、ワンルームタイプの物件は、近隣に競合物件が毎年のように新築されることが想定されます。戸建て賃貸住宅であれば入居者の入れ変わりがさほど起こらず、1棟ずつ売却することもでき、いつ起こるか分からない相続に備えることができます。アパートを保有したいのであれば、戸建て賃貸住宅の賃料収入が貯まってきたところで他の場所の中古物件を購入することを検討することもできると判断され、最終的には戸建て賃貸住宅を建築することになりました。

建築会社、建物管理会社の選定を進める際には、コンペ形式を採用しています。複数会社の建築プランや事業計画を比較することで、建築コスト、賃貸市場の動向、建物の管理体制、担当者との相性など、依頼者に納得のいく提案ができるためです。

7　底地に関する相談を受けたときの業務フロー

（1）管理・土地活用方針を決める

相談者が借地権者に土地を貸している場合、複数の人に土地を賃貸していることがほとんどです。従って管理を検討している全ての物件について調査を行い、土地賃貸借契約の内容の整理、借地権者の建物登記簿謄本を取得して一覧表を作成していきます。

【この段階で確認すること】
・土地の賃料（地代）の坪単価、公租公課（固定資産税・都市計画税）との対比
・土地賃借人と建物登記名義人との関係

・再建築ができない区間があるか、など

相談者が高齢の場合は、庄一さんのケースのように、生前対策を踏まえた土地活用について相談を受けることが多いものです。相談者が税理士と連携していない場合には税理士を紹介して、譲渡取得税などの確定申告の検討、相続税の試算などを行います。

「地主さんはたくさん土地を持っていて、収入を得ていて羨ましい」と思われることもあるようですが、実情はそんなことはありません。**東京23区内で利便性が高い土地であっても、公租公課の2〜3倍程度の賃料しか受領できていないこともあります。**

土地賃貸借契約は、50年以上続いていることが多いものです。消費者物価指数との比較で言うと、50年前と今とでは約2・9倍。それと連動して地代を増額できているわけではなく、賃貸アパート・マンション、戸建て賃貸住宅、駐車場などと比較して、底地の収益性は低廉となっています。

また、地主さんの中には最初から底地を処分する方針の方もいますが、所有し続けながら土地活用方法を考えていきたいという方がほとんどです。そこで地代収受、土地賃貸借契約書の更新手続き、建て替え承諾への対応などを進めながら、土地活用方針を決めていきます。

（2）借地権者を特定していく

まずは土地賃貸借契約書に記載された賃借人、建物の登記名義人、地代の支払い者を確認していくことになります。相続登記を含めた手続きが行われていれば賃借人と建物の登記名義人も把握しやすいのですが、相続手続きが行われておらず、建物の登記名義人が亡くなった方のままになっていることがあります。これは経験則ですが、管理開始時に当初の賃借人から現在の賃借人までの相続手続きが完了している借地権者は、半数程度です。

借地権者が親から借地を引き継いだときに、遺産分割協議をきょうだい間で済ませていることがあります。しかし、祖父母の代から借地している場合は、遺産分割協議を経て、現在の利用者が相続していることは少ないものです。そのようなときには、管理開始の際に、「借地権と建物の相続手続き」をご案内することから、管理業務を進めることになります。

8 地代や更新料の相場

先ほど、底地の賃料が低廉であるという話をしました。実際に、このことで悩まれている地主さんは少なくありません。そこで、地代や更新料などについて、「いくらくらいが相場なの？」と質問を受けることがあります。

（1）地代について

まず地代についてですが、目安はあるものの、相場が形成されているとは言えません。賃貸アパートやマンションなどの場合は、インターネットで検索すれば周辺の賃料を確認することもできますが、底地の場合は、募集されている物件が極めて少ないため賃料を把握する術はほとんどありません。

公租公課（固定資産税・都市計画税）と比較して、どれだけの地代を収受しているのかを確認することはできます。これは、主に不動産鑑定士と税理士の資格保有者から構成されている「日税不動産鑑定士会」という団体が調査して算出しています。固定資産税評価替えは3年に1度行われていますが、そのたびに固定資産税や都市計画税と比較して、どれだけの地代を収受しているかを調査し、公表していますが、相場とまで言い切ることはできません。

（2）更新料について

賃貸アパートやマンションの場合は、地域ごとに請求する更新料の目安（賃料の1ヵ月分など）がありますが、土地賃貸借契約の場合は、請求額が土地所有者ごとに異なります。概ね、**借地権価格の5％～10％程度を請求されていることが多い**です。

ちなみに、更新料については「土地賃貸借契約書面にて更新料を支払うことが定められていなければ、法的根拠がないのではないか？」と借地権者から更新料の支払いを拒否された、という相談が増えています。

更新料を収受できないことを理由に契約解除をすることはできず、従前の契約と同じ条件で更新されたことになります。これを「法定更新」と呼びます。旧借地法が適用される契約の場合、法定更新になると、非堅固建物では20年間、堅固建物では30年間の契約がなされたことになります。

（3）承諾料について

借地権者が借地権を売却したいと考えることがあります。この場合、土地所有者の許可なく借地権を売却することはできません。そこで、「借地権を売却したいのですが、良いですか？」といって、土地所有者に相談することになります。

このときに「いいですよ」と許可してくれる方もいれば、「知らない人に貸したくないから」といって断る方もいます。

土地賃貸借契約の当事者との間で協議が成立しないときには、裁判所に対して「借地非訟事件手続」という手続きを申し立てることはできます。ただ、やはり当事者同士の協議で解決することが望ましいと言えます。なお、借地権の売却（譲渡）、建て替え、非堅固（木造など）から堅固（鉄筋コンクリートなど）建物への変更などの各種の承諾に応じるときは、借地権者に対して承諾料を請求していくことになります。

【承諾料の例】
・借地権の売却：借地権価格×10％
・建て替え：更地価格×3％～5％
・非堅固建物から堅固建物への変更：更地価格×10％

9 底地に関するQ&A

底地については、相談者だけではなく、紹介者である税理士・司法書士・不動産管理会社の方からも多くの質問を頂戴します。ここに主な内容を記載します。

Q：地元の不動産会社に、底地の管理はできないと言われました。

A：底地の管理は行わない不動産管理会社もあります。

地代の入金管理、契約更新手続き、借地権者への相続手続きの説明、建て替え承諾等の業務に対応できない不動産管理会社もあります。

賃貸アパート・マンション等の管理を行うと、賃料管理、2年に1度の更新手続き、入居募集など、日々の業務に追われます。地代の集金管理はできても、借地権者の相続手続きにも関わる必要がある、土地賃貸借契約書の更新手続きには対応できない不動産会社もあります。不動産管理会社の方から、底地の管理の相談を受けることもあります。

Q：底地の管理は、どのような不動産業者が取り扱っていますか？

A：底地権を専門に買い取る、不動産業者が担っていることもあります。

借地権が設定されている土地（底地権）を専門に購入する不動産業者があります。その不動産業者が、業務の一環として底地の管理をしています。借地権者の方から「不動産業者に土地を売ったため不安」という相談を受けることもあります。

Q：不動産業者が土地所有者（地主）になると、何か問題があるんですか？

A：法律上は、何も変わりがありません。

借地権者の方から「不動産業者に土地を売ったため不安だ」とお聞きした際、「何がご不安ですか？」と質問すると「何となく不安」という回答が一番多いです。その際には法律上は何ら変わりがないことを伝えますが、懸念を拭えないこともあります。

Q：底地を不動産業者に売却する場合、買取価格は、いくらぐらいですか？

A：不動産業者の買取価格は、低廉になります。

これは、相続税支払いの相談者から質問されます。底地は、借地権者が利用し続けることが前提となるため、地代収入から公租公課を差し引いた利回りから価格が設定され、低廉な買取価格になります。

Q：底地を、土地所有者が売却する理由はなんですか？

A：相続税の支払いのため、収益性が低く管理の手間がかかるという理由が一般的です。

底地の収益性は低く、土地の固定資産税・都市計画税（公租公課）の3〜4倍を受領している方が多く見受けられます。土地所有者が個人の場合、相続財産に加算され、更新料を受領したとしても、金銭的にはマイナスの財産となっていることが多いものです。それに加えて、地代の収受、契約更新手続き、建て替え承諾の対応など、管理に手間がかかっています。

Q：地代を支払っている人が借地権者というわけではないのですか？

A：そうとは言い切れません。

借地権も相続財産となり、相続手続きが必要です。借地権は相続にて引き継がれていることがほとんどですが、借地権の相続手続きがなされていないことがあります。土地所有者に対しては、借地権・建物に関する相続権者の特定ができるよう、借地権者から遺産分割協議書の写しを受領しておくことをおすすめしています。

Q：借地権を売却したいと言われましたが、何をすれば良いでしょうか？

A：借地権の売却を認めるかどうか、まずは検討してください。

土地賃貸借契約書面が作成されていない場合でも、賃貸人（土地所有者）の承諾なく借地権を売却することは、土地賃貸借契約の解除要件となります（民法第612条）。売却を認めるか否かだけではなく、借地権を購入することも選択肢となり得ます。

※民法第612条（賃借権の譲渡及び転貸の制限）
1、賃借人は、賃貸人の承諾を得なければ、その賃借権を譲り渡し、又は賃借物を転貸することができない。
2、賃借人が前項の規定に違反して第三者に賃借物の使用又は収益をさせたときは、賃貸人は、契約の解除をすることができる。

Q：地代を支払っている方のきょうだいから、借地権を売却したいと言われました。

A：借地権の相続権者を確認してください。

借地権も相続財産となり、相続手続きが必要です。親と同居していた借地権者に多いケースですが、何ら相続手続きをせず、地代を支払っている場合もあります。相続開始後、遺産分割協議が完了するまでは、財産は相続人の共有です。そのため、共有財産である借地権の売却相談をしている可能性もあります。

Q：遺産分割協議をしていない場合は、何代前までさかのぼる必要がありますか？

A：土地賃貸借契約を締結した時まで、さかのぼることになります。

土地所有者（地主）は、相続手続きをしていることがほとんどですが、借地権の相続手続きをしていない方もいます。遺産分割協議が完了していない場合は、借地権は共有状態となります。

Q：リフォームしていたので確認をしたら、大規模修繕ではないと言われました。
A：工事を行う際は、事前に連絡がくるようにしておくことが大切です。

土地賃貸借契約書には「大規模修繕工事等を行う際は、書面による承諾が必要」と記載されていることが多いです。ただ、どのような工事が大規模修繕となるのか、明確には記載されていません。管理している物件の借地権者には「何かしら工事をするときは、事前に連絡くださ い」と周知しています。連絡なしに工事を始めてしまうと、無断で大規模修繕を行うつもりではないのかと無用の疑いをかけられることもあります。「全ての契約は信頼関係が前提ですよね」と伝えると、ほとんどの方からは事前に連絡をしてもらえるようになります。

Q：借地権者から「契約上の面積よりも実際借りている面積が少ない」と言われました。

A：土地賃貸借契約書に記載された面積（借地面積）と、現在の利用状況が異なる可能性もあります。

本来であれば、借地面積が変わることはありません。しかしながら、借地の境界があいまいなまま土地を賃貸していることも珍しくありません。例えば、祖父の代は植木の中心で境界を決めていたが、今はブロック塀が敷設されているなど、利用状況が変わっていることもあります。また、借地権者は道路後退（セットバック）した宅地部分の面積のことだけを言っている可能性もあります。地代は契約面積により受領しているため、地代を多く支払い続けてきたのではないか？と思っていることもあります。

Q：更新料の支払いを拒否された場合は、どうすれば良いでしょうか？

A：協議を継続するしかありません。

地代の支払いと異なり、更新料を支払わない場合でも、土地賃貸借契約を解除することはできません。このことはインターネットにも掲載されているため、借地権者からは「義務ではない更新料を支払いたくない」と言われることが増えています。いずれにせよ、話し合いを継続していくほかありません。

Q：底地の管理にはどのような業務がありますか？

A：地代の入金管理、土地賃貸借契約の更新手続き、建て替え・借地権譲渡承諾などへの対応を行います。

土地賃貸借契約書で定められた通りに地代が入金されているか、定期的に管理物件を確認して、無断で増改築や大規模修繕が行われていないかも確認しています。借地契約名義人が亡くなっている場合は、借地権者に、遺産分割協議書を進めていただき、土地賃貸借契約の更新手続きを行います。

Q：土地賃貸借契約の更新期限が過ぎていた場合はどうなるのでしょうか？

A：従前の契約と同一の条件にて、更新（法定更新）されたことになります。

相続した底地の土地賃貸借契約書を確認したら、契約更新手続きがされていないと相談を受ける機会があります。法定更新となると、旧法の土地賃貸借契約では、非堅固建物では20年間、堅固建物では30年間の契約がなされたことになります。借地権者は、20年ないし30年の契約期間があることは理解していても、期限がいつまでかは認識していないことがあります。

Q：底地の管理をする上で、費用をかけて対応することはありますか？

A：土地の測量をしたほうが良いことがあります。

土地賃貸借契約書に記載された面積が判別する測量図面がない場合、測量をおすすめすることがあります。測量を実施する場合は、借地権者に、借地範囲の確認を行い、境界トラブルがないようにしています。

Q：借地契約に関する裁判上の手続きを教えてください。

A：借地非訟事件と言い、旧借地法に基づく土地賃貸借契約では、5種類の手続きがあります。

①借地条件変更申立事件

住宅を店舗に変更する、木造から鉄筋コンクリート造に建て替えるなど、借地契約条件を変更する場合は、土地所有者から承諾を得る必要があります。土地所有者から、その承諾が得られない場合でも、裁判所が相当と認めれば、借地契約条件を変更する裁判を受けることができます。

②増改築許可申立事件

借地上の建物の建て替え（改築）・増築・大規模修繕等をする場合は、土地所有者から承諾を得る必要があります。土地所有者から、その承諾が得られていない場合でも、裁判所が相当と認めれば、土地所有者の承諾に代わる許可の裁判を受けることができます。

③土地の賃借権譲渡または転貸の許可申立事件

土地賃貸借契約が締結され、借地権者が借地上の建物を譲渡（売却）する場合は、土地所有者から承諾を得る必要があります。土地所有者から、その承諾が得られない場合でも、裁判所が相当と認めれば、土地所有者の承諾に代わる許可の裁判を受けることができます。

④競売または公売に伴う土地賃借権譲受許可申立事件

土地賃貸借契約が締結されている、借地上の建物を買い受けた人は、土地所有者から承諾を得る必要があります。土地所有者から、その承諾が得られない場合でも、裁判所が相当と認めれば、土地所有者の承諾に代わる許可の裁判を受けることができます。この申立ては、建物の代金を支払った後２ヵ月以内に行う必要があります。

⑤借地権設定者の建物及び土地賃借権譲受申立事件

前述の③・④の場合は、土地所有者は土地の賃借権と建物を優先的に買い取る権利（介入権）が与えられています。土地所有者は、裁判所が定めた期間内に限り、介入権を行使する申立てができます。

https://www.courts.go.jp/tokyo/saiban/minji-section22/minji-section22-mokuji-1/index.html
裁判所「第一　借地非訟とは」から抜粋して加工

おわりに

最後までお読みくださり、ありがとうございました。

本書で紹介した事例は、これまで私が受けてきた相談や依頼の一部です。より複雑で込み入った事例も対応してきました。１００軒以上の借地人の管理に忙殺されている地主さんから相談を受けて、所有している土地全ての物件調査から管理体制の整備をしたこともありました。

大変なことも多い仕事ですが、それでも、この仕事を始めて良かったと心から思っています。

書店に立寄ると、不動産の関連書籍の棚には、自宅の売買や不動産投資の書籍はあふれているものの、不動産に関わる悩みを持つ方を対象とした書籍は非常に少ないと感じます。

士業事務所の方や不動産管理会社の方から紹介されたお客様のように、不動産に関しての悩みが出た際に、頼る存在がいない方はどうしているのでしょうか。

不動産は個人の方が扱う財産の中でも大きな割合を占めるもの。

同じようなことで悩んでいる方がいることを知るだけでも、救われた気持ちになるのではないでしょうか。

そういった思いが、本書を出版するきっかけになりました。

私には、大切にしている考え方があります。

それは、お客様が抱える問題解決の方法を考え続けること。

そして、お客様が選んだ選択肢を尊重し、問題解決に向け、期日を決めて動いていくことです。

言葉で表すのは難しいのですが、合理的ではない選択肢が、お客様にとっては最善の選択肢となり得ることもあります。

財産評価や不動産の活用ポテンシャルよりも、その不動産に対する思い入れを優先する方もいます。

人生100年時代を豊かに生きていくためには、不動産との良い関わり方が欠かせません。商品・売上ありきではなく、お客様の悩みや叶えたい思いから発想する不動産経営の伴走者を必要とする方のために仕事をしていきたい。これが、私の思いです。

お客様の考えや悩みに同じものがないように、1つとして同じ不動産はありません。不動産の相談を受けて実務を進めていく上では、個別に税理士・司法書士・土地家屋調査士・弁護士などの専門家と連携する必要がありますが、特定の専門家以外知らず、案件ごとに個別相談ができる体制を構築できていない会社もあります。

不動産は、個人の方にとって多額の金銭を支払うものであるにもかかわらず、不動産従事者がその責任と向き合い、法律や税制改正を学び続けている人、専門家と連携できる体制を構築し続けている人は少ないのです。

「不動産創造士®」は、不動産を通じて、お客様の豊かな暮らしを創造していくという、決意表明も込めた言葉です。商標登録（登録番号：第6549471号）も行いました。

私が対応してきた事例に触れ、悩みを持っているのは自分だけではないと感じていただければ幸いです。私は今も、目の前の一人ひとりのお客様の悩みに向き合い続けています。

不動産創造士®　鍋島　重茂

著者
鍋島重茂（なべしま・しげもち）
合同会社 TSC 代表社員。不動産創造士®。底地・貸宅地管理 110 番®を運営。
大学卒業後、ハウスメーカーにて 6 年間、アパート請負建築営業を行う。その後、不動産コンサルティング会社・法務事務所にて 12 年にわたり、相続対策や土地活用の提案、不動産売買業務を行い、独立。
税理士・司法書士・弁護士などの士業事務所、賃貸アパート・マンション管理会社から紹介される、地主や資産家に対する不動産コンサルティング業務を行う。
相続、共有不動産、底地・借地権の問題解決業務を専門として、日々お客様のお悩みに寄り添っています。

合同会社 TSC
この書籍をお読みになって、実際にご相談をご希望の方はこちらまで。

誰に相談したらよいかわからない！
不動産問題解決の教科書

2024 年 1 月 22 日 初版発行

著者	鍋島重茂
発行者	奥本達哉
発行	アスカ・エフ・プロダクツ
発売	明日香出版社 〒 112-0005 東京都文京区水道 2-11-5 電話 03-5395-7650 https://www.asuka-g.co.jp
装丁	大場君人
本文制作	田中まゆみ
編集協力	金子千鶴代
校正	共同制作社
印刷・製本	シナノ印刷株式会社

ISBN 978-4-7569-2311-0